Schriften zum öffentlichen Dienstrecht

Prof. Dr. Ralf Brinktrine
Prof. Dr. Timo Hebeler
Prof. Dr. Jens Kersten
Prof. Dr. Thorsten Ingo Schmidt
Prof. Dr. Hinnerk Wißmann
Prof. Dr. Heinrich Amadeus Wolff

Band 13

Udo Di Fabio

Verfassungsmäßigkeit des Leitbilds der Mehrverdienerfamilie im nordrhein-westfälischen Besoldungssystem

Rechtsgutachten erstellt im Auftrag des
DBB NRW Beamtenbund und Tarifunion

Nomos

Die Deutsche Nationalbibliothek verzeichnet diese Publikation in der Deutschen Nationalbibliografie; detaillierte bibliografische Daten sind im Internet über http://dnb.d-nb.de abrufbar.

1. Auflage 2025

© Udo Di Fabio

Publiziert von
Nomos Verlagsgesellschaft mbH & Co. KG
Waldseestraße 3–5 | 76530 Baden-Baden
www.nomos.de

Gesamtherstellung:
Nomos Verlagsgesellschaft mbH & Co. KG
Waldseestraße 3–5 | 76530 Baden-Baden

ISBN (Print): 978-3-7560-2389-9
ISBN (ePDF): 978-3-7489-5229-9

DOI: https://doi.org/10.5771/9783748952299X

Onlineversion
Nomos eLibrary

Dieses Werk ist lizenziert unter einer Creative Commons Namensnennung 4.0 International Lizenz.

Inhaltsverzeichnis

Ergebnisse im Überblick ... 7

A. Anlass und Gegenstand der Begutachtung ... 9
   1. Die institutionelle Garantie des Berufsbeamtentums ... 10
      a) Dienst- und Treueverhältnis ... 11
      b) Alimentationsprinzip ... 13
      c) Praxis der Unteralimentation ... 14
      d) Die erste Antwort des Bundesverfassungsgerichts – dreistufiges Prüfungsprogramm ... 17
      e) Die zweite Konkretisierung des Bundesverfassungsgerichts – Abstandsgebote und „Leitbild" ... 20
   2. Das Gesetz aus Nordrhein-Westfalen ... 24
      a) Leitbildwechsel und Partnereinkommen ... 24
      b) Der neue Ergänzungszuschlag (§ 71b LBesG-neu) ... 26
      c) Abstandsgebot ... 29
   3. Vergleichbare Regelungen anderer Länder und des Bundes ... 29
      a) Status quo mit Besoldungsanpassung ... 30
      b) Berücksichtigung eines fiktiven Partnereinkommens ... 31
      c) Berücksichtigung eines realen Partnereinkommens ... 33
   4. Fragestellung ... 37

B. Verfassungsrechtliche Würdigung ... 39
   1. Berücksichtigung eines Partnereinkommens ... 39
      a) Mindestabstandsgebot ... 39
      b) Das Partnereinkommen als Alimentationsbestandteil? ... 43
      c) Die Pflicht zu amtsangemessener Alimentation des Beamten ... 46
      d) Besoldungsinternes Abstandsgebot ... 52
      e) Zwischenergebnis ... 54
   2. Antragserfordernis und Glaubhaftmachung ... 55
      a) Einkommensnachweis und Risikoverlagerung ... 55
      b) Verzichtsverbot ... 57
   3. Einseitiger Wechsel des Familienbildes? ... 58

4. Stufenprüfung am Maßstab des Art. 33 Abs. 5 GG ... 60
      a) Verfassungsrechtliche Monita auf der ersten Stufe ... 61
      b) Weitere Stufen ... 63

C. Ergebnis ... 65

D. Literaturverzeichnis ... 67

Ergebnisse im Überblick[1]

Der seit Mitte der 2000er Jahre geltende „Besoldungs-Föderalismus" hat innerhalb einer Dekade zu einer stark differenzierten Beamtenbesoldung im Vergleich der Länder untereinander und im Verhältnis zum Bund geführt. Darüber hinaus hat sich gezeigt, dass die Gesetzgeber die Beamtenbesoldung nicht in demselben Maße wie für Tarifbeschäftige angehoben haben und unter der allgemeinen Entwicklung von Einkommen und Sozialleistungen geblieben sind.

Diese Entwicklung hat das Bundesverfassungsgericht verstärkt seit 2015 dazu veranlasst, detaillierte Maßstäbe für die amtsangemessene Besoldung von Beamten, Richtern und Staatsanwälten in Bund und Ländern zu definieren. Ein mehrstufiges Prüfungsschema bestimmt unter anderem die Mindestalimentation des Beamten und seiner Familie im Vergleich zur sozialrechtlichen Grundsicherung und gewährleistet den gebotenen Abstand zwischen den Besoldungsgruppen.

Vor diesem Hintergrund hat der Landtag von Nordrhein-Westfalen die Art und Weise der Besoldungsberechnung verändert (LT-Drucks. 18/9514; Vorabdruck 18/61 v. 10.10.2024). Neue Bezugsgröße für die Berechnung des gebotenen Mindestabstands der Nettoalimentation zur Grundsicherung ist nunmehr die Mehrverdienerfamilie. Konkret wird ein fiktives Partnereinkommen in Höhe mindestens eines „Minijob"-Jahresgehalts berücksichtigt. Bezieht der Partner des Beamten kein oder ein geringeres Einkommen, kann der Beamte jährlich einen Ergänzungszuschlag zum Familienzuschlag (§ 71b LBesG-neu) beantragen, der den Mindestabstand zur sozialrechtlichen Grundsicherung tatsächlich wiederherstellt.

Die Berücksichtigung eines „Partnereinkommens" in der Besoldungsbemessung steht nicht im Einklang mit Art. 33 Abs. 5 des Grundgesetzes. Das Gesetz widerspricht zwei hergebrachten Grundsätzen des Berufsbeamtentums: den materiellen und prozeduralen Anforderungen des Alimentationsprinzips und dem Abstandsgebot.

Die Besoldung eines Beamten, die das Mindestabstandsgebot zur Grundsicherung wahrt, darf nicht von einem Antragserfordernis abhängig ge-

---

[1] Bei dieser Studie handelt es sich um ein Rechtsgutachten, das im Auftrag des DBB NRW Beamtenbund & Tarifunion Landesbund NRW erstellt wurde.

Ergebnisse im Überblick

macht werden. Der Dienstherr ist zur Besoldung von Amts wegen verpflichtet. Der Anspruch auf amtsangemessene Alimentation entsteht ipso iure aus dem gesetzlich definierten Statusverhältnis.

Während der Besoldungsgesetzgeber für das Besoldungsleitbild auf das tatsächliche Erwerbsverhalten von Beamtenfamilien abstellt, berücksichtigt er bei der Vergleichsfamilie allein die gesetzlichen Sozialansprüche. Der Gesetzgeber hat die anrechnungsfreie Hinzuverdienstmöglichkeit und Ansprüche auf Einmalzahlungen in der Grundsicherung übersehen. Im Ergebnis wird der Beamte, der in einem grundsätzlich lebenslangen Dienst- und Treueverhältnis zum Dienstherrn steht – trotz der verfassungsrechtlichen Pflicht zum Schutz von Ehe und Familie (Art. 6 Abs. 1 GG) – strenger als die weniger voraussetzungsreiche Bedarfsgemeinschaft behandelt.

Der Ergänzungszuschlag zum Familienzuschlag verletzt schließlich das besoldungsinterne Abstandsgebot. Die Vergleichsberechnungen, zu denen der Gesetzgeber verpflichtet ist, berücksichtigen lediglich das Jahresgrundgehalt der Besoldungsgruppen und -ordnungen, nicht aber die familienbezogenen Besoldungsbestandteile. Da der Ergänzungszuschlag nur dem Namen nach ein familienbezogener Besoldungsbestandteil ist, in Wirklichkeit jedoch den amtsangemessenen Lebensstandard des Beamten und seiner Familie gewährleisten soll, ist dieser bei der Vergleichsberechnung zu berücksichtigen. Ein überschlägiger Vergleich zeigt, dass die finanzielle Kompensation eines *nicht*-erzielten Partnereinkommens das Abstandsgebot zwischen den Besoldungsgruppen und damit die Besoldungssystematik verletzt.

Das Gesetz ist insgesamt verfassungswidrig. Das der verfassungsrechtlichen Würdigung des Gesetzes vorausliegende Strukturproblem ist die – vom Bund bestimmte – mittlerweile erhebliche Höhe der sozialrechtlichen Grundsicherung. Diese bestimmt über das Mindestabstandsgebot unmittelbar die Höhe der amtsangemessenen Alimentation niedriger Besoldungsgruppen und setzt damit den Bezugspunkt für die höheren Statusämter. Aufgrund des Abstandsgebots und des steigenden Gehaltsniveaus, wird ein Volumeneffekt für die Haushalte der Länder bewirkt. Dieser Effekt verlangt aus haushälterischer Sicht nach einer Dämpfung der fiskalischen Folgen einer amtsangemessenen Alimentation. Solange sich das Land nicht in einer fiskalischen Ausnahmesituation befindet, ist dieses Bemühen, Ausgaben zu sparen, nach der Rechtsprechung nicht als ausreichende Legitimation für eine Kürzung der Besoldung anzusehen.

A. Anlass und Gegenstand der Begutachtung

Das Land Nordrhein-Westfalen hat eine Strukturänderung im Besoldungssystem seines öffentlichen Dienstes beschlossen. Mit dem Gesetz zur Anpassung der Dienst- und Versorgungsbezüge in den Jahren 2024 und 2025 sowie zur Änderung weiterer dienstrechtlicher Vorschriften[2], hat der Landtag den im Dezember 2023 für die Tarifbeschäftigten geschlossenen „Tarifvertrag Inflationsausgleich" und die Einigung über die Tarifanpassung in den Jahren 2024/25 auf die Beamten, Richter und Versorgungsempfänger übertragen.

Das Gesetz enthält darüber hinaus – tief im umfangreichen Text versteckt[3] – eine Änderung im Besoldungsrecht, mit der – so die Gesetzesbegründung – das bisher dem Landesbesoldungsgesetz zugrunde liegende Familienbild an die geänderten gesellschaftlichen Verhältnisse angepasst und das Besoldungsrecht modernisiert werden soll. Auf der Grundlage eines neuen Leitbilds der „Mehrverdienerfamilie" soll die Bezugsgröße für die Alimentation des Beamten und seiner Familie neu definiert werden. Mit diesem weitreichenden Schritt wird der Maßstab für die Bemessung des verfassungsrechtlich gebotenen Mindestabstands der Jahresnettoalimentation zum grundsicherungsrechtlichen Gesamtbedarf zulasten des Beamten verändert.

Konkret wird für die Mindestalimentation bei verheirateten und verpartnerten Beamten ab dem Jahr 2024 nunmehr ein fiktives Gehalt des Ehegatten oder Lebenspartners (Partnereinkommen) in Höhe der Jahresverdienstgrenze eines Minijobs (6.456,– Euro) von Amts wegen berücksichtigt. Beamte ohne tatsächliches Partnereinkommen oder mit unter der Verdienstgrenze liegendem Partnereinkommen können schriftlich einen Antrag auf einen Ergänzungszuschlag zum Familienzuschlag stellen, um

---

2 Gesetzentwurf der Landesregierung, Gesetz zur Anpassung der Dienst- und Versorgungsbezüge in den Jahren 2024 und 2025 sowie zur Änderung weiterer dienstrechtlicher Vorschriften vom 6.6.2024, LT-Drucks. 18/9514, Neudruck; Beschl. des Landtags vom 10.10.2024, PlPr. 18/77; Vorabdruck 18/61 vom 11.10.2024.

3 Dass es in dem Gesetzentwurf auch „um teilweise gravierende Strukturreformelemente" gehen würde, hat einzig der Abgeordnete Ralf Witzel (FDP) in der ersten Lesung im Landtag erwähnt, LT-PlPr 18/67 vom 12.6.2024, S. 122.

A. Anlass und Gegenstand der Begutachtung

eine Unteralimentation zu vermeiden. Der Ergänzungszuschlag wird für die Dauer des Kalenderjahres gewährt.

Dieses Gutachten befasst sich mit der verfassungsrechtlichen Würdigung dieser Neuregelung, die im Kontext der neueren Besoldungsrechtsprechung des Bundesverfassungsgerichts und der darauf ausgerichteten Reaktion von Bund und Ländern insgesamt zu sehen ist. Dazu wird in diesem Teil zunächst der verfassungsrechtliche Prüfungsmaßstab mit besonderem Augenmerk auf diese Rechtsprechung zum beamtenrechtlichen Alimentationsprinzip entwickelt (1.). Es folgen die Darstellung der Neuregelung in Nordrhein-Westfalen (2.), ein vergleichender Seitenblick auf die entsprechenden Modelle in anderen Ländern und im Bund (3.) und die Fragestellungen, die mit diesem Gutachten zu beantworten sind (4.).

1. Die institutionelle Garantie des Berufsbeamtentums

Der verfassungsrechtliche Prüfungsmaßstab ergibt sich aus der institutionellen Garantie des Berufsbeamtentums in Art. 33 Abs. 5 GG. Beamte, Richter und Soldaten stehen in der Bundesrepublik Deutschland in einem besonderen öffentlich-rechtlichen, jeweils durch individuellen Hoheitsakt begründeten Dienst- und Treueverhältnis zu ihrem Dienstherrn (a). Aus dem Dienst- und Treueverhältnis folgt als wesentliches Element der Anspruch auf Alimentation, das heißt auf Besoldung und Versorgung (b). Seit den 1970er Jahren hat sich in Bund und Ländern eine Praxis der Unteralimentation, zunächst von kinderreichen Beamten, Richtern und Soldaten, herausgebildet, die sich seit dem Inkrafttreten der Föderalismusreform I im Jahr 2006 noch einmal verstärkt hat (c). Das Bundesverfassungsgericht hat im Jahr 2012 begonnen, in Normenkontrollverfahren, die ihm von Verwaltungsgerichten vorgelegt worden waren, ein detailliertes Prüfungsprogramm für eine amtsangemessene Alimentation und die gebotene Vergleichbarkeit der Ämter über die Besoldungsordnungen hinweg entwickelt (d). Mit zwei weiteren Entscheidungen im Jahr 2020 hat das Bundesverfassungsgericht dieses Prüfungsprogramm spürbar konkretisiert (e).

1. Die institutionelle Garantie des Berufsbeamtentums

a) Dienst- und Treueverhältnis

Der Gegenstand dieses Gutachtens, das am 10. Oktober 2024 beschlossene Gesetz zur Anpassung der Dienst- und Versorgungsbezüge, ist an sich ein Routinegegenstand der Landesgesetzgebung. Die Dienst- und Versorgungsbezüge (insb. Ruhegehalt, Witwen- und Waisengeld, Unfallfürsorge) der Beamten und ihrer Angehörigen werden vom Dienstherrn durch Gesetz festgelegt.[4] In der Bundesrepublik hat sich die Praxis etabliert, dass die Ergebnisse der Tarifverhandlungen zwischen Bund und Ländern einerseits und den Gewerkschaften der Tarifbeschäftigten des öffentlichen Diensts andererseits eine materielle Vorbildfunktion für die Beamten haben. Letztere dürfen sich zwar gewerkschaftlich organisieren, haben aber nicht das Recht auf Arbeitskampfmaßnahmen, insbesondere auf Streik.[5] Für die Landesgesetzgeber ist das Verhandlungsergebnis mit den Vertretern der Tarifbeschäftigten der Bezugspunkt für die zeitlich nachfolgende Anpassung der Dienst- und Versorgungsbezüge. Das bedeutet im Ergebnis entweder eine vollständige – wie im vorliegenden Fall – oder eine modifizierte, abgesenkte Übernahme der Tarifsteigerungen in die Besoldungs- und Versorgungstabellen.

Verfassungsrechtlicher Hintergrund dieser Praxis ist die Institution des Berufsbeamtentums. Die Ausübung hoheitlicher Befugnisse soll nach dem Willen des Verfassungsgebers im Regelfall durch Beamte erfolgen, die zu qualifizierter, loyaler und gesetzestreuer Aufgabenerfüllung verpflichtet sind (Art. 33 Abs. 4 GG).[6] Dieser Funktionsvorbehalt wird durch die institutionelle Garantie des Berufsbeamtentums in Art. 33 Abs. 5 GG abgesichert. Die für den Kerngehalt der „hergebrachten Grundsätze des Berufsbeamtentums" geltende Beachtenspflicht versperrt dem Gesetzgeber den Weg zu beliebigen, von politischen Mehrheiten gewollten Strukturveränderungen des Beamtentums. Er darf keine strukturelle Veränderung an den Bestimmungen vornehmen, die das Erscheinungsbild und die Funktion des Berufsbeamtentums prägen.

Die im Jahr 2006 vom verfassungsändernden Gesetzgeber in Art. 33 Abs. 5 GG aufgenommene Formulierung, nach der das öffentliche Dienst-

---

4 Siehe für Nordrhein-Westfalen § 2 Abs. 1 LBesG und § 3 Abs. 1 LBeamtVG.
5 Zuletzt BVerfGE 148, 296 ff., dazu Udo Di Fabio, Das beamtenrechtliche Streikverbot, 2012; nachfolgend EGMR (GK), Urt. vom 14.12.2023 – Nr. 59433/18, 59477/18, 59481/18 und 59494/18, NVwZ 2024, 221 – Humpert u.a./Deutschland.
6 BVerfGE 130, 76 (111 f.).

recht unter Berücksichtigung der hergebrachten Grundsätze des Berufsbeamtentums „fortzuentwickeln" sei, gestattet es dem Gesetzgeber zwar, die „Ausgestaltung des Dienstrechts den jeweiligen Entwicklungen der Staatlichkeit anzupassen und das Beamtenrecht damit ‚in die Zeit' zu stellen." Gesetzgeberische Veränderungen, die in den Kernbestand von Strukturprinzipien, das heißt in die Grundsätze eingreifen, die nicht hinweggedacht werden können, ohne dass damit zugleich die Einrichtung selbst in ihrem Charakter grundlegend verändert werden würde, die die Funktionsfähigkeit des Berufsbeamtentums beeinträchtigen oder seine Leistungsfähigkeit verringern, sind hingegen verfassungswidrig.[7] Fortzuentwickeln ist „nach der eindeutigen Gesetzesfassung allein das Recht des öffentlichen Dienstes, nicht aber der hierfür geltende Maßstab, die hergebrachten Grundsätze des Berufsbeamtentums".[8]

Das Berufsbeamtentum gründet auf Sachwissen, fachlicher Leistung und loyaler Pflichterfüllung. Es hat das Ziel, eine stabile Verwaltung zu sichern und damit einen ausgleichenden Faktor gegenüber den das Staatswesen gestaltenden, auf Zeit gewählten politischen Kräften zu sein.[9] Der „Beamtenapparat" ist insoweit ein Instrument zur Sicherung des Rechtsstaats und der Gesetzmäßigkeit der Verwaltung.

Mit dem Berufsbeamtentum sind Rechte und Pflichten für beide Seiten, für den Dienstherrn und für den Beamten, verbunden: Das Dienstverhältnis ist öffentlich-rechtlich ausgestaltet. Es wird grundsätzlich auf Lebenszeit begründet und soll der Hauptberuf sein. Der Dienstherr hat eine Fürsorgepflicht. Der Beamte ist zum aktiven Einsatz verpflichtet und muss sich zur freiheitlichen demokratischen Grundordnung bekennen und für deren Erhalt eintreten. Beamte können ihre Aufgaben insbesondere nur erfüllen, wenn sie rechtlich und wirtschaftlich gesichert sind (Fürsorge- und Alimentationsprinzip).[10] Nur wenn die innere und äußere Unabhängigkeit gewährleistet ist und Widerspruch nicht das Risiko einer Bedrohung

---

7 Vgl. BVerfGE 119, 247 (262).
8 BVerfGE 152, 345 (358); 119, 247 (273); gegen eine Versteinerung des „historisch überlieferten Profils des Berufsbeamtentums" siehe das Sondervotum von Peter Michael Huber in BVerfGE 152, 384 (387 f.), dessen Ausführungen sich unter anderem gegen die Formulierung wenden, BVerfGE 152, 345 (358): „In der Pflicht zur Berücksichtigung ist eine Entwicklungsoffenheit angelegt, die den Gesetzgeber in die Lage versetzt, die Ausgestaltung des Dienstrechts den jeweiligen Entwicklungen der Staatlichkeit anzupassen und das Beamtenrecht damit in die Zeit zu stellen."
9 BVerfGE 7, 155 (162); 119, 247 (260 f.), st. Rspr.
10 Vgl. BVerfGE 44, 249 (265 f.); 114, 258 (287 f.); 119, 247 (269); 130, 263 (293).

der Lebensgrundlagen des Amtsträgers und seiner Familie in sich trägt, kann realistischerweise erwartet werden, dass ein Beamter auch dann auf rechtsstaatlicher Amtsführung beharrt, wenn sie politisch unerwünscht sein sollte.[11]

b) Alimentationsprinzip

Als hergebrachter Grundsatz des Berufsbeamtentums im Sinn des Art. 33 Abs. 5 GG – der für den hier zu beurteilenden Sachverhalt zentral ist – gilt in der Beamtenbesoldung und -versorgung das Alimentationsprinzip. Besoldung und Versorgung sind Teilelemente des einheitlichen Tatbestandes der Alimentation und schon bei der Begründung des Beamtenverhältnisses garantiert.[12]

Das Alimentationsprinzip verpflichtet den Dienstherrn, den Beamten und seine Familie lebenslang angemessen zu unterhalten und ihm nach seinem Dienstrang, nach der mit seinem Amt verbundenen Verantwortung und nach der Bedeutung des Berufsbeamtentums für die Allgemeinheit entsprechend der Entwicklung der allgemeinen wirtschaftlichen und finanziellen Verhältnisse und des allgemeinen Lebensstandards einen angemessenen Lebensunterhalt zu gewähren. Der Beamte muss nach ständiger Rechtsprechung des Bundesverfassungsgerichts und der Fachgerichte im aktiven Dienst und im Ruhestand über ein Nettoeinkommen verfügen, das seine rechtliche und wirtschaftliche Sicherheit und Unabhängigkeit gewährleistet und ihm über die Befriedigung der Grundbedürfnisse hinaus einen seinem Amt angemessenen Lebensunterhalt ermöglicht.[13] Durch die Sicherstellung eines amtsangemessenen Lebensunterhalts wird zudem der Korruptionsanfälligkeit vorgebeugt und eine qualitätssichernde Funktion für die Leistungsfähigkeit des öffentlichen Dienstes gewährleistet.

Das Alimentationsprinzip kann seine Funktion allerdings nur erfüllen, wenn es die Beamtenbesoldung und die -versorgung *tatsächlich* beeinflusst und mit der gesellschaftlich-ökonomischen Entwicklung Schritt hält, das heißt wenn es die Anpassungsgesetzgebung zu Dienst- und Versorgungsbezügen bestimmt.

Diese Zusammenhänge sind unstreitig – das Gesetz der nordrhein-westfälischen Landesregierung soll konkretisierender Ausdruck des Alimentati-

---

11 BVerfGE 140, 240 (291) unter Hinweis auf BVerfGE 119, 247 (261); 121, 205 (221).
12 BVerfGE 139, 64 (123 f.); 114, 258 (298).
13 BVerfGE 140, 240 (283); 117, 330 (351), st. Rspr.

onsprinzips sein. Der Kontext des Gesetzes und seines Entwurfs ist damit jedoch noch nicht vollständig entfaltet.

c) Praxis der Unteralimentation

Der verfassungsändernde Gesetzgeber hat mit der ersten Föderalismusreform im Jahr 2006 die Gesetzgebungskompetenz des Bundes im Besoldungsrecht zurückgenommen und damit die Länder ausschließlich zuständig gemacht (Art. 70 GG).[14] Der *pouvoir constitué* stellte damit den Zustand wieder her, der seit dem Inkrafttreten des Grundgesetzes 1949 bis zu Beginn der 1970er Jahre bestanden hatte. Zu jenem Zeitpunkt war die Kompetenz, die Besoldung und Versorgung durch Gesetz mit Zustimmung des Bundesrats einheitlich zu regeln, dem Bund zunächst teilweise (1969), später vollständig (1971) übertragen worden. Die Länder konnten nur noch in ausdrücklich genannten Bereichen eigene Regeln erlassen. Zuvor hatte der Bund seit Mitte der 1950er Jahre mit mäßigem Erfolg versucht, durch die Setzung von Höchstbeträgen die Besoldung von Beamten und Richtern zu vereinheitlichen.[15] Nach entsprechenden Bemühungen für eine Grundgesetzänderung gelang es dann zum Ende der 1960er Jahre, die notwendigen Mehrheiten zu organisieren, um dem Bund eine konkurrierende Gesetzgebungskompetenz unter anderem für eine einheitliche Besoldung zu verschaffen (Art. 74a Abs. 1 GG aF) und 1975 ein auch für die Länder geltendes Bundesbesoldungsgesetz zu erlassen.[16]

Der Bund hat nach der Föderalismusreform nunmehr noch die konkurrierende Gesetzgebungskompetenz (Art. 74 Abs. 1 Nr. 27 GG) zur Regelung der Statusrechte und -pflichten der Angehörigen des öffentlichen Dienstes der Länder, Gemeinden und anderer Körperschaften des öffentlichen Rechts, „die in einem Dienst- und Treueverhältnis stehen, mit Ausnah-

---

14 BGBl. 2006 I, S. 2034, siehe auch Art. 125a GG, wonach bislang geltendes Bundesrecht bis zu einer Ersetzung durch Landesrecht fortgilt.
15 Vgl. BVerfGE 4, 115 ff., das Land Nordrhein-Westfalen hatte versucht, die Besoldung seiner Beamten besser als die der Bundesbeamten zu regeln.
16 Kurze Darstellung der Entwicklung und Motive für die Gesetzesänderungen Josef Franz Lindner, Gibt es ein besoldungsrechtliches Homogenitätsprinzip?, Die öffentliche Verwaltung 2015, S. 1025 ff.

me der Laufbahnen, Besoldung und Versorgung."[17] Wie der Wortlaut des Grundgesetzes klar und deutlich formuliert, liegt die Kompetenz für die Besoldung – wieder – bei den Ländern.

Der seit Mitte der 2000er Jahre geltende „Besoldungs-Föderalismus"[18] hat innerhalb einer Dekade zu einer stark differenzierten Besoldung der Beamten und Richter im Vergleich der Länder untereinander und im Verhältnis zum Bund geführt. In einzelnen Besoldungsgruppen bestehen auf das Jahreseinkommen derselben Statusämter bezogene Abweichungen im Umfang von bis zu 10.000,- Euro.[19] Darüber hinaus hat sich gezeigt, dass die Landesgesetzgeber die Beamtenbesoldung nicht in demselben Maße wie für Tarifbeschäftige angehoben haben und unter der allgemeinen Entwicklung von Einkommen und Sozialleistungen geblieben sind.[20] Eine detaillierte Studie mit Berechnungsbeispielen aus dem Jahr 2022 kommt für die Besoldungsordnung A zu dem Ergebnis,

> „[...] dass die Alimentation im Betrachtungszeitraum (2008–2020) in keinem Bundesland auch nur annähernd ein amtsangemessenes Niveau erreicht, wobei das Defizit zwischen 2010 und 2015 in 13 und zwischen 2015 und 2020 noch einmal in zehn Ländern prozentual zugenommen hat. Der materielle Gehalt der unteren Besoldungsgruppen liegt in den

---

17 Von dieser Kompetenz hat der Bund durch den Erlass des Gesetzes zur Regelung des Statusrechts der Beamten in den Ländern (Beamtenstatusgesetz – BeamtStG) vom 17.6.2008, BGBl. I, S. 1010, Gebrauch gemacht.
18 Andreas Becker/Alexia Tepke, Besoldungs-Föderalismus statt einheitlichem Besoldungsrecht – eine aktuelle Bestandsaufnahme, Zeitschrift für Beamtenrecht 2011, S. 325 ff.
19 Dieser Unterschiedsbetrag ist das Ergebnis eines Vergleichs der Eingangsstufen für die Besoldungsgruppe A 13 in Bayern und Rheinland-Pfalz, bezogen auf ein Jahr beträgt der Unterschied 10.917,36 Euro, vgl. Deutscher Beamtenbund, Monitor öffentlicher Dienst, 2024, S. 52, zugänglich unter https://www.dbb.de/fileadmin/user_upload/globale_elemente/pdfs/2024/dbb_monitor_oeffentlicher_dienst_2024.pdf.
20 Einen auf zwei bis drei begrenzten Überblick gibt die Fachserie 16, Reihe 4.1 und 4.2, Verdienste und Arbeitskosten, Verdienste im öffentlichen Dienst für Beamte und Tarifbeschäftigte bei Bund, Ländern und Gemeinden, des Statistischen Bundesamts, zuletzt 2021/22, zugänglich unter https://www.destatis.de/DE/Themen/Arbeit/Verdienste/Tarifverdienste-Tarifbindung/Publikationen/Downloads-Tarifverdienste-Tarifbindung/verdienst-oeffentlicher-dienst-5622102219004.html. Die Serie ist mit dem Jahr 2022 eingestellt worden.

A. Anlass und Gegenstand der Begutachtung

alten Ländern sowie in Brandenburg seit spätestens 2008 praktisch ausnahmslos unterhalb des Grundsicherungsniveaus."[21]

Der Bund hat in dem Referentenentwurf für ein Gesetz zur Gewährleistung amtsangemessener Besoldung vom August 2024 festgestellt:

„Im Bund wird auf der Grundlage des gegenwärtigen Besoldungsrechts (also in Ansehung einer vierköpfigen Alleinverdienerfamilie als Berechnungsgrundlage für die Mindestalimentation gemäß der bislang zugrunde liegenden Besoldungspraxis) das Mindestabstandsgebot in Gebieten mit den höchsten Unterkunftskosten bei Berücksichtigung der Bedarfe der Ehegattin oder des Ehegatten und der ersten beiden Kinder für das Jahr 2024 bis zu der in der Besoldungsgruppe A 11 (Erfahrungsstufe 1), also im zweiten Beförderungsamt der Laufbahn des gehobenen Dienstes gezahlten Besoldung nicht eingehalten."[22]

Die Besoldungsgruppe A 11 ist der Laufbahngruppe des gehobenen Dienstes zugeordnet und umfasst für den Bund unter anderem die Statusämter Amtmann, Kanzler, Kriminalhauptkommissar, Hauptmann und Kapitänleutnant. Diese Laufbahngruppe setzt für die Ausbildung in der Regel ein Fachhochschulstudium voraus.

Diese aus dem Bundesinnenministerium stammende Aussage deckt sich mit der Einschätzung eines ausgewiesenen Kommentators, der die Ansicht vertritt, dass „die niedrigste, gerade noch verfassungsmäßige Besoldung [...] in den Ländern mit Ballungsräumen etwa den jeweiligen Landes-Besoldungsgruppen A 10 und A 11 (neue Bundesländer: A 8) entspricht." Alle Besoldungsgruppen darunter seien verfassungswidrig zu niedrig bemessen.[23]

Es sind weiterhin zahlreiche Normenkontrollverfahren beim Bundesverfassungsgericht anhängig, in denen die vorlegenden Verwaltungsgerichte

---

21 Torsten Schwan, Das Alimentationsniveau der Besoldungsordnung A 2008 bis 2020 – eine „teilweise drastische Abkopplung der Besoldung" als dauerhafte Wirklichkeit?, Die öffentliche Verwaltung 2022, S. 198 (206).
22 Bundesministerium des Innern, Referentenentwurf des Gesetzes zur Sicherstellung einer amtsangemessenen Bundesbesoldung und -versorgung und zur Änderung weiterer Vorschriften vom 22.8.2024, zugänglich unter https://www.bmi.bund.de/SharedDocs/gesetzgebungsverfahren/DE/D3/BBVAngG.html.
23 Martin Stuttmann, Die Besoldungsrevolution des BVerfG, Neue Zeitschrift für Verwaltungsrecht, Beilage 2020, S. 83 (87).

eine verfassungswidrige Unteralimentation von Beamten und Richtern geltend machen.[24]

d) Die erste Antwort des Bundesverfassungsgerichts –
   dreistufiges Prüfungsprogramm

aa) Das Bundesverfassungsgericht hat im Jahr 2015 in mehreren Entscheidungen zur Richter- und Beamtenbesoldung Verfassungsmaßstäbe für die Prüfung der angemessenen Alimentation entwickelt und die Grenze zur Unteralimentation abgesteckt.[25] Die Entscheidungen ergingen auf Vorlage verschiedener Verwaltungsgerichte aus Rheinland-Pfalz, Sachsen-Anhalt, Niedersachsen und Nordrhein-Westfalen, die mit Klagen von Beamten auf amtsangemessene Alimentation befasst worden waren.

Rückblickend begann die neuere Besoldungsrechtsprechung des Bundesverfassungsgerichts bereits drei Jahr zuvor, mit der Entscheidung über die noch stark hochschulpolitisch geprägte Reform der Professorenbesoldung.[26] Seinerzeit lag der Schwerpunkt der Argumentation auf den verfassungsrechtlichen Bedingungen eines Systemwechsels in der Besoldung, wenngleich der Zweite Senat ebenso die amtsangemessene Alimentation

---

24 Exemplarisch die für eine Entscheidung im Jahr 2024 vorgesehenen Verfahren 2 BvL 2, 4–6/16 (Bremen) und 2 BvL 5–9/18 (Berlin) sowie BVerwG, Vorlagebeschluss vom 30.10.2018 – 2 C 32/17, juris (Niedersachsen); VG Hamburg, Beschluss vom 7.5.2024 – 20 B 14/21, juris (Hamburg); zuletzt VG Berlin, Beschluss vom 3.7.2024 – 26 K 133/24, juris (Berlin).

25 Da es mit dem Teilzeitbeamtenverhältnis und der leistungsbezogenen Besoldung bereits erste akzeptierte Abweichungen vom Alimentationsprinzip gibt, muss die Besoldungsdifferenzierung in den Ländern nach 2006 als eine Durchbrechung des Strukturkerns dieses Prinzips betrachtet werden, die aus Sicht des BVerfG nicht mehr hinnehmbar war; vgl. Isabel Schübel-Pfister, Koordinatensystem für die Richter- und Beamtenbesoldung, Neue Juristische Wochenschrift 2015, S. 1920: „In seinem am 5.5.2015 verkündeten, einstimmig ergangenen Urteil zur R-Besoldung der Richter und Staatsanwälte hat das *BVerfG* dem „zahnlosen Tiger" Alimentationsprinzip (so der seinerzeitige Präsident *Voßkuhle* in der mündlichen Verhandlung zur W-Besoldung der Professoren) Zähne verliehen." (Nachweis weggelassen, Hervorhebung im Original).

26 Die Besoldungsrechtsprechung im Hinblick auf die amtsangemessene Alimentation von kinderreichen Beamten reicht bis Mitte der 1970er Jahre zurück, vgl. BVerfGE 44, 249 ff. und BVerfGE 81, 363 ff.

und die gebotene Vergleichbarkeit der Ämter über die Besoldungsordnungen hinweg betonte.[27]

bb) Die im Jahr 2015 entwickelten Maßstäbe haben allgemeinen Geltungsanspruch für das Beamtenrecht und alle Besoldungsordnungen. Auf diese Weise sind nicht nur die Konturen des Alimentationsprinzips geschärft, sondern ist zugleich die verwaltungsgerichtliche Überprüfbarkeit erleichtert worden. Beamten steht im Hinblick auf die amtsangemessene Alimentation über das grundrechtsgleiche Recht aus Art. 33 Abs. 5 GG der Verwaltungsrechtsweg offen.[28]

Um eine Unteralimentation festzustellen, hat der Zweite Senat ein dreistufiges, nochmals binnengegliedertes Prüfungsprogramm eingeführt. Auf der ersten Prüfungsstufe gibt es fünf Parameter:

(i) das Verhältnis zwischen Besoldung und Tarif im öffentlichen Dienst,
(ii) das Verhältnis zwischen Besoldung und Nominallohnindex,
(iii) das Verhältnis zwischen Besoldung und Verbraucherpreisindex,
(iv) die Beachtung des Mindestabstandsgebots zur Grundsicherung für Arbeitssuchende sowie des Abstandsgebots zwischen den Besoldungsgruppen und
(v) der Quervergleich innerhalb der Besoldung von Bund und Ländern.[29]

Die Parameter haben eine indizielle Bedeutung für die Berechnung des verfassungsrechtlich geschuldeten Alimentationsniveaus. Sind mindestens drei dieser fünf Parameter verletzt, so besteht die Vermutung einer verfassungswidrigen Unteralimentation. Das vierte Parameter – das Mindestabstands- und Abstandsgebot – ist besonders, weil seine Nichteinhaltung *allein* eine indizielle Verletzung des Alimentationsprinzips bedeutet.[30]

Die Vermutung einer Verletzung des Alimentationsprinzips kann im Rahmen einer Gesamtabwägung auf der zweiten Prüfungsstufe anhand weiterer alimentationsrelevanter Kriterien widerlegt oder erhärtet werden. Die Höhe der Alimentation muss die erforderliche Ausbildung, die Qualität der Tätigkeit und Verantwortung des Amtsträgers sowie das Ansehen des Amtes in den Augen der Gesellschaft widerspiegeln, die Gewinnung überdurchschnittlich qualifizierter Kräfte sicherstellen, dem Vergleich mit

---

27 BVerfGE 130, 263 ff.
28 BVerfGE 139, 64 ff. und 140, 240 ff.
29 BVerfGE 155, 1 (16 ff.).
30 BVerfGE 155, 1 (25).

den Einkommen der Beschäftigten mit vergleichbarer Qualifikation und Verantwortung außerhalb des öffentlichen Dienstes standhalten, die wirtschaftliche Unabhängigkeit des Amtsträgers angemessen gewährleisten und im Lichte des Niveaus der Beihilfe und der Versorgung bewertet werden.

Liegt gleichwohl eine Unteralimentation vor, so kann diese ausnahmsweise durch andere Verfassungsgüter auf der dritten Prüfungsstufe gerechtfertigt sein. Das in Art. 109 Abs. 3 Satz 1 GG verankerte Verbot der Neuverschuldung für Bund und Länder („Schuldenbremse") kann Besoldungskürzungen allenfalls dann rechtfertigen, wenn sie Teil eines schlüssigen und umfassenden Konzepts der Haushaltskonsolidierung sind.

cc) Im Übrigen gelten Beobachtungs-, Überprüfungs-, Begründungs- und Nachbesserungspflichten, die sicherstellen sollen, dass der Gesetzgeber möglichen Verstößen gegen das Alimentationsprinzip angemessen begegnen kann.[31] Diese prozeduralen Pflichten sind nicht zu vernachlässigen, weil sie aus Sicht des Bundesverfassungsgerichts die „zweite Säule" des Alimentationsprinzips – neben den materiellen Gehalten – sind. Die Besoldungsgesetzgeber werden einer „Verpflichtung zur Selbstvergewisserung" unterworfen, der den weiten Entscheidungsspielraum des Gesetzgebers rationalisieren soll. So ist beispielsweise die Fortschreibung der Besoldung im Gesetzgebungsverfahren zu begründen, der erforderliche Sachverhalt in der Gesetzesbegründung zu dokumentiert, damit eine sachgerechte Entscheidung hergestellt werden kann:

> „Nach gefestigter Rechtsprechung des Senats ist der Gesetzgeber daher gehalten, bereits im Gesetzgebungsverfahren die Fortschreibung der Besoldungshöhe zu begründen. Die Ermittlung und Abwägung der berücksichtigten und berücksichtigungsfähigen Bestimmungsfaktoren für den verfassungsrechtlich gebotenen Umfang der Anpassung der Besoldung müssen sich in einer entsprechenden Darlegung und Begründung des Gesetzgebers im Gesetzgebungsverfahren niederschlagen. Eine bloße Begründbarkeit genügt nicht den verfassungsrechtlichen Anforderungen der Prozeduralisierung. Der mit der Ausgleichsfunktion der Prozedurali-

---

31 BVerfGE 117, 330 (355); 130, 263, Ls 4: „Prozedurale Anforderungen in Form von Begründungs-, Überprüfungs- und Beobachtungspflichten gelten sowohl bei der kontinuierlichen Fortschreibung der Besoldungshöhe in Gestalt von regelmäßigen Besoldungsanpassungen als auch bei strukturellen Neuausrichtungen in Gestalt von Systemwechseln"; BVerfGE 139, 64, Ls 6: „Die Festlegung der Besoldungshöhe durch den Gesetzgeber ist an die Einhaltung prozeduraler Anforderungen geknüpft. Diese Anforderungen treffen ihn insbesondere in Form von Begründungspflichten."

A. Anlass und Gegenstand der Begutachtung

sierung angestrebte Rationalisierungsgewinn kann – auch mit Blick auf die Ermöglichung von Rechtsschutz – effektiv nur erreicht werden, wenn die erforderlichen Sachverhaltsermittlungen vorab erfolgen und dann in der Gesetzesbegründung dokumentiert werden. Die Proceduralisierung zielt auf die Herstellung von Entscheidungen und nicht auf ihre Darstellung, das heißt nachträgliche Begründung [...]."[32]

e) Die zweite Konkretisierung des Bundesverfassungsgerichts – Abstandsgebote und „Leitbild"

Das Bundesverfassungsgericht hat in zwei neueren Beschlüssen aus dem Jahr 2020 die zuvor skizzierte Besoldungsrechtsprechung bestätigt, vertieft und auf die fortgesetzte Untätigkeit oder Ausweichbewegungen der Besoldungsgesetzgeber reagiert.[33] In den Entscheidungen ging es um die Richterbesoldung im Land Berlin[34] in den Jahren 2009 bis 2015 und um die Besoldung des Landes Nordrhein-Westfalen zur Alimentation von kinderreichen Richtern und Staatsanwälten im Zeitraum 2013 bis 2015.[35]

aa) Besonders die zweitgenannte Entscheidung befasst sich mit der Abgrenzung der Besoldung von Leistungen der sozialen Grundsicherung. Der Gesetzgeber dürfte zwar die Grundsicherung als Bezugspunkt für die untere Grenze der Besoldung wählen und habe einen Gestaltungsspielraum. Er müsse dabei jedoch beachten, dass Alimentation im Beamtenverhältnis etwas „qualitativ Anderes" als die „Befriedigung eines äußersten Mindestbedarfs" sei. Das Bundesverfassungsgericht geht einen Konkretisierungsschritt über die bisherige Rechtsprechung hinaus und beziffert diesen „verfassungsgebotenen Mindestabstand" auf 15 Prozent im Vergleich zum Grundsicherungsniveau – bezogen auf die Nettoalimentation.[36] Die Gren-

---

32 BVerfGE 155, 1 (47–49), Nachweise weggelassen.
33 Martin Stuttmann, Zeitenwende – Die Bestimmung der Minimalbesoldung nach dem BVerfG, Neue Zeitschrift für Verwaltungsrecht 2015, S. 1007 ff.
34 BVerfGE 155, 1 ff.
35 BVerfGE 155, 77 ff.
36 BVerfGE 155, 77 (93, 110, 116 ff.); der Gedanke des Mindestabstands ist bereits ausdrücklich enthalten in der BVerfGE 81, 363 (382 f.); in der Sache lässt sich die Genealogie in die 1970er Jahre zurückverfolgen bis BVerfGE 44, 249 ff., vgl. Rudolf Summer/Gerd Rometsch, Alimentationsprinzip gestern und heute, Zeitschrift für Beamtenrecht 1981, S. 1 (18): Die Ausführungen des Bundesverfassungsgerichts zum Maßstab der Alimentation zwingen zu dem Schluß, daß die Alimentation in den unteren Besoldungsgruppen und die Mindestversorgung so gestaltet werden müssen,

ze der Unteralimentation lässt sich also mit spitzem Bleistift nunmehr ausrechnen. Das In-Beziehung-Setzen der Mindestalimentation mit der sozialen Grundsicherung hat darüber hinaus zur Folge, dass Veränderungen bei der Grundsicherung, das heißt praktisch betrachtet deren Erhöhung, sich unmittelbar auf die Besoldung und Versorgung von Beamten, Richtern und Staatsanwälten auswirkt. Der an sich anerkannte Gestaltungsspielraum der Gesetzgeber in Bund und Ländern wird zu einem Imperativ für eine statistisch ausrechenbare Erhöhung der „Beamtenbezüge".

Faktisch sind die Sozial- und die Personalpolitik des Staates miteinander dergestalt verschränkt worden, dass das Maß sozialer Absicherung zugleich – gepuffert über den 15-Prozent-Abstand – die Untergrenze für die Alimentation definiert. Werden die Leistungen der Sozialhilfe und besonders der Grundsicherung für Arbeitssuchende angehoben, steigt mittelbar die Grenze der Unteralimentation für Beamte.

Diese Besoldungsrechtsprechung betrifft sowohl alleinstehende Beamte als auch Beamte mit ihren Familien, wobei die Unteralimentation in der Praxis vor allem bei Beamtenfamilien mit drei und mehr Kindern entsteht. Das Bundesverfassungsgericht formuliert diesen Zusammenhang zusammenfassend wie folgt:

„Das Bundesverfassungsgericht geht auf Grund der bisherigen Praxis des Besoldungsgesetzgebers davon aus, dass er die Grundbesoldung so bemisst, dass sie zusammen mit den Familienzuschlägen für den Ehepartner und die ersten beiden Kinder für eine Zwei-Kinder-Familie amtsangemessen ist. Der zusätzliche Bedarf, der für das dritte und die weiteren Kinder entsteht, ist vom Dienstherrn zu decken. Bei der Bemessung dieses Bedarfs kann der Gesetzgeber von den Leistungen der sozialen Grundsicherung ausgehen. Dabei muss er aber beachten, dass die Alimentation etwas qualitativ Anderes als die Befriedigung eines äußersten Mindestbedarfs ist. Ein um 15 % über dem realitätsgerecht ermittelten grundsicherungsrechtlichen Gesamtbedarf eines Kindes liegender Betrag lässt den verfassungsgebotenen Unterschied hinreichend deutlich werden. Das zur Bestimmung der Mindestalimentation herangezogene Grundsicherungsniveau umfasst alle Elemente des Lebensstandards, der den Empfängern von Grundsicherungsleistungen staatlicher-

---

daß die Leistungen über denen der Sozialhilfe liegen: Der Beamte muß ein Mehr an Alimentation bekommen als ihm zustünde, wenn er auf die Sozialhilfe angewiesen wäre."

seits gewährt wird, also insbesondere den monatlichen Regelsatz, die anteiligen Kosten für die Unterkunft und Heizung sowie den Bedarf für Bildung und Teilhabe am sozialen und kulturellen Leben in der Gemeinschaft."[37]

bb) Dem Mindestabstandsgebot zur sozialen Grundsicherung korrespondiert ein Abstandsgebot zwischen Beamtengruppen. Dieses besoldungsinterne Abstandsgebot verlangt, dass Beamte in höheren Statusämtern grundsätzlich eine höhere Besoldung erhalten als diejenigen in niedrigeren Statusämtern. Das Bundesverfassungsgericht ordnet das Abstandsgebot als selbständigen hergebrachten Grundsatz des Berufsbeamtentums ein, „der allerdings in enger Anbindung zum Alimentationsprinzip und zum Leistungsgrundsatz steht."[38] In der Begründungsnähe zum Leistungsprinzip kommt die Wertigkeit der Ämter zum Ausdruck, deren Bedeutung in der Ämterpyramide mit den Diensträngen und der übernommenen Verantwortung nach oben hin zunimmt.

Das Besoldungssystem wird dabei nicht als prästabilisierte, mathematisch definierte Abfolge von Abständen gesehen. Die Rechtsprechung lässt Differenzierungen zu, wie sie ausdrücklich auch eine Neueinschätzung der Ämterwertigkeit und Neustrukturierung des Besoldungsgefüges ermöglicht – der Besoldungsgesetzgeber müsste diese Absicht gleichwohl in den Gesetzgebungsmaterialien dokumentieren. Ausgeschlossen sein soll eine schleichende Konvergenz der Besoldungsunterschiede durch allmähliches Abschmelzen der Abstände. Eine solche ‚Salami-Taktik' im Besoldungsrecht"[39] beruht auf den fiskalischen Zwängen und dem fehlenden politischen Willen, Besoldungsanpassungen für alle Besoldungsgruppen proportional vorzunehmen. Da die Grundbesoldung höherer Statusämter bei prozentualen Besoldungsanpassungen notwendig auch höhere nominale Zuwächse bedeutet, hat die Praxis zahlreiche Strategien entwickelt, die Besoldungszuwächse höherer Statusämter zu begrenzen oder zumindest zu dämpfen (etwa Sockelbeträge und verzögerte Anpassungszeitpunkte).[40] Die Folge waren – und sind – Unwuchten in den Besoldungssystemen von Bund und Ländern.

---

37 BVerfG, Pressemitteilung Nr. 64/2020 vom 29. Juli 2020, zum Beschluss BVerfGE 155, 77, zugänglich unter https://www.bundesverfassungsgericht.de/SharedDocs/Pressemitteilungen/DE/2020/bvg20-064.html.
38 BVerfGE 145, 304 (328), Ls 1; zum Gedanken des Abstandsgebots bereits BVerfGE 26, 141 (158 ff.).
39 Ausdrücklich BVerfGE 145, 304 (329).
40 Stuttmann, Anm. 33, S. 1007 (1011).

I. Die institutionelle Garantie des Berufsbeamtentums

Das Bundesverfassungsgericht hat diese Praxis zum Anlass genommen, auch das besoldungsinterne Abstandsgebot in seinem Beschluss zur Berliner Besoldung von Richtern und Staatsanwälten noch einmal verfassungsrechtlich nachzuschärfen, indem es das Abstandsgebot eindeutiger zu bestimmen versucht hat. Es ist als vierter Parameter im Rahmen des skizzierten Prüfungsprogramms bereits genannt worden. So sind die gebotenen Vergleiche nicht nur innerhalb, sondern auch zwischen den Besoldungsordnungen geboten. Eine Verletzung des Abstandsgebots ist indiziert, wenn die bestehenden Abstände zwischen zwei zu vergleichenden Besoldungsgruppen „um mindestens 10 % in den zurückliegenden fünf Jahren abgeschmolzen wurden".[41]

Die Rechtsprechung hat sich bislang allerdings nicht auf einen eindeutig definierten Bezugspunkt des Vergleichs festgelegt. Zumeist wird die Bruttobesoldung des Grundgehalts der Endstufe,[42] wie sie die Besoldungstabellen ausweisen, herangezogen, wobei die familienbezogenen Besoldungsbestandteile unberücksichtigt bleiben.

cc) In der Entscheidung vom 4. Mai 2020, die die Besoldung der Richter und Staatsanwälte im Land Berlin zum Gegenstand hat, spricht der Zweite Senat ausdrücklich auch ein mögliches Leitbild des Besoldungsgesetzgebers an – der nordrhein-westfälische Gesetzentwurf nimmt darauf ausdrücklich Bezug.[43] Der Gesetzgeber habe sich ausweislich der Besoldungspraxis dafür entschieden, das Grundgehalt des Beamten so zu bemessen, dass der Beamte, sein Ehepartner und zwei Kinder als vierköpfige Familie, zusammen mit den jeweiligen Familienzuschlägen amtsangemessen besoldet sind. Diese Vermutung einer amtsangemessenen Besoldung werde erst ab einer fünfköpfigen Familie widerlegt und müsse den Dienstherrn zu einer Überprüfung und Ausrichtung an den tatsächlichen Lebensverhältnissen veranlassen. Ausdrücklich lehnt es der Zweite Senat ab, die Besoldungspraxis als „Leitbild der Beamtenbesoldung" einzuordnen. Der Gesetzgeber könne die Grundbesoldung insoweit verändern, als er auch für drei- oder vierköpfige Familien statt einer Typisierung die tatsächlichen Verhältnisse zugrunde lege. Mit Blick auf die Bedeutung eines möglichen Leitbilds für den vorliegenden Sachverhalt, seien die Ausführungen hier wörtlich zitiert:

---

41 BVerfGE 155, 1 (23); ein Anwendungsbeispiel für die R1-Besoldung im Vergleich zu den Besoldungsgruppen A5, A9 und A 13 gibt BVerfGE 139, 64 (141).
42 Vgl. BVerfGE 145, 304 (329), mit dem Hinweis, dass der Unterschied des Bezugspunkts Brutto- oder Netto-Grundgehalt „nicht signifikant ins Gewicht" falle.
43 BVerfGE 155, 1 (24) und LT-Drucks., Anm. 2, S. 84.

> „Mangels gegenteiliger Anhaltspunkte ist nach wie vor davon auszugehen, dass die Besoldungsgesetzgeber das Grundgehalt von vornherein so bemessen, dass – zusammen mit den Familienzuschlägen für den Ehepartner und die ersten beiden Kinder – eine bis zu vierköpfige Familie amtsangemessen unterhalten werden kann, so dass es einer gesonderten Prüfung der Besoldung mit Blick auf die Kinderzahl erst ab dem dritten Kind bedarf (vgl. BVerfGE 44, 249 <272 f.>; 81, 363 <377 f.>; 99, 300 <315 f.>). Die vierköpfige Alleinverdienerfamilie ist demnach eine aus der bisherigen Besoldungspraxis abgeleitete Bezugsgröße, nicht Leitbild der Beamtenbesoldung. Auch hinsichtlich der Strukturierung der Besoldung verfügt der Besoldungsgesetzgeber über einen breiten Gestaltungsspielraum (vgl. BVerfGE 44, 249 <267>; 81, 363 <376>; 99, 300 <315>). Es besteht insbesondere keine Verpflichtung, die *Grundbesoldung* so zu bemessen, dass Beamte und Richter ihre Familie als Alleinverdiener unterhalten können. Vielmehr steht es dem Besoldungsgesetzgeber frei, etwa durch höhere Familienzuschläge bereits für das erste und zweite Kind stärker als bisher die Besoldung von den tatsächlichen Lebensverhältnissen abhängig zu machen."[44]

Die Motivation für diese Rechtsprechung ist vom ehemaligen Präsidenten des Bundesverfassungsgerichts und Vorsitzenden des Zweiten Senats, der an der Rechtsprechung beteiligt war, dahingehend beschrieben worden, dass das Alimentationsprinzip gestärkt und gegen Ansprüche zur Haushaltskonsolidierung abgeschirmt werden sollte. Den Besoldungsunterschieden zwischen den Ländern sollte entgegengewirkt und der Nexus von qualifiziertem Personal und angemessener Alimentation betont werden.[45]

2. Das Gesetz aus Nordrhein-Westfalen

a) Leitbildwechsel und Partnereinkommen

Der nordrhein-westfälische Besoldungsgesetzgeber hat das Gesetzgebungsverfahren zur Anpassung der Besoldung und Versorgung für die Jahre

---

44 BVerfGE 155, 1 (24); ähnlich BVerfGE 155, 77 (95): „[…] ein aus der bisherigen Besoldungspraxis abgeleiteter Kontrollmaßstab", unter Zitation von Anna Leisner-Egensperger, Familienalimentation als Freiheitssicherung, Neue Zeitschrift für Verwaltungsrecht 2019, S. 777 (780).
45 Andreas Voßkuhle/Anna-Bettina Kaiser, Personal, in: Voßkuhle/Eifert/Möllers (Hg.), Grundlagen des Verwaltungsrechts, 3. Aufl., Bd. II, 2022 § 41, Rn. 118d.

2024 und 2025 dazu genutzt, die Art und Weise der Berechnung der Nettoalimentation neu zu bestimmen, um den gebotenen Mindestabstand der Nettoalimentation zum grundsicherungsrechtlichen Gesamtbedarf einzuhalten. Bezugspunkt ist die vom Bundesverfassungsgericht herangezogene – und vorstehend erwähnte – vierköpfige Familie. Die Jahresnettoalimentation einer verheirateten Beamtin oder eines verheirateten Beamten der untersten Besoldungsgruppe mit zwei im Familienzuschlag zu berücksichtigenden Kindern, wird dem grundsicherungsrechtlichen Gesamtbedarf einer entsprechenden Vergleichsfamilie gegenübergestellt. Das aus dem Alimentationsprinzip abgeleitete Mindestabstandsgebot verlangt, dass der Beamte ein mindestens 15 Prozent höheres Jahresnettoeinkommen als die Vergleichsfamilie mit Sozialleistungsbezug hat. Dieser Zusammenhang wird nicht in Frage gestellt. In Frage gestellt wird, ob für die Berechnung des Jahresnettoeinkommens auch ein Einkommen des Partners berücksichtigt werden darf.

Der Landtag hat sich, der Gesetzesvorlage der Landesregierung entsprechend, dafür entschieden, das Jahresnettoeinkommen der Beamtenfamilien auf Grundlage eines neuen „Leitbilds" zu berechnen. Das „traditionelle Familienbild der Alleinverdienerfamilie als Bezugsgröße wird aufgrund der geänderten tatsächlichen gesellschaftlichen Verhältnisse nunmehr zugunsten des Familienbildes einer Mehrverdienerfamilie aufgegeben."[46] Der umfangreiche Gesetzentwurf enthält diese Feststellung, ohne dass die Landesregierung sich die Mühe gemacht hat, diese durch Statistik oder eine Bezugnahme auf die Gesetzesbegründungen in anderen Ländern zu belegen. Der interföderale Vergleich zeigt, dass solche Informationen, bezogen auf das Land, durchaus möglich sind.

Praktische Konsequenz dieser Entscheidung ist, dass bei der Berechnung des gebotenen Mindestabstandes ein Einkommen des Ehepartners oder Lebenspartners des Beamten in Höhe mindestens eines Jahresgehalts einer geringfügigen Beschäftigung („Minijob") berücksichtigt wird. Die Geringfügigkeitsgrenze beträgt für das Jahr 2024 monatlich 538,– Euro; der Betrag wird ab 1. Januar 2025 auf monatlich 556,– Euro angehoben werden.[47] Es geht also, bezogen auf ein Jahreseinkommen, um Beträge in Höhe von 6.456,– Euro (2024) und 6.672,– Euro (2025).

---

46 LT-Drucks. 18/9514, Anm. 2, S. 84.
47 § 8 Abs. 1a SGB IV i.V.m. Bek. BMAS vom 30.11.2023, BAnz AT 07.12.2023 B1.

A. Anlass und Gegenstand der Begutachtung

Der Landesgesetzgeber muss gesetzestechnisch diesen Betrag lediglich in den Besoldungstabellen gegenrechnen, um seine Grundentscheidung praktisch umzusetzen, das heißt er berücksichtigt das genannte Jahreseinkommen in der Vergleichstabelle auf Seiten der Beamtenfamilie.[48] Zusätzlich wird die Berechnungsmethode für Beamtenfamilien mit drei und mehr Kindern an die neue Rechtslage angepasst. Bislang wurde der Bedarf einer kinderreichen Beamtenfamilie durch einen Vergleich der auf die dritten und weiteren Kinder entfallenden Anteile am Familienzuschlag mit dem auf ein Kind entfallenden grundsicherungsrechtlichen Gesamtbedarf ermittelt. In Zukunft soll die erforderliche Mindestalimentation der Gesamtfamilie einschließlich aller im Familienzuschlag zu berücksichtigenden Personen auf die neue Methode umgestellt werden.

b) Der neue Ergänzungszuschlag (§ 71b LBesG-neu)

Die Berücksichtigung eines Partnereinkommens ist im Grundmodus fiktiv, das heißt der Gesetzgeber nimmt an, dass der Partner eines verheirateten oder verpartnerten Beamten mindestens das Minijob-Gehalt bezieht.

Für den Fall, dass diese Annahme nicht zutrifft und der Partner kein oder ein geringeres Einkommen bezieht, schafft der Landesgesetzgeber einen Ergänzungszuschlag zum Familienzuschlag. Der Ergänzungszuschlag soll den Mindestabstand zur sozialrechtlichen Grundsicherung tatsächlich wiederherstellen. Die Ausgleichsregelung sieht der neu in das nordrhein-westfälische Besoldungsrecht eingefügte § 71b LBesG vor. Die umfangreiche neue Vorschrift lautet:[49]

„§ 71b Ergänzungszuschlag zum Familienzuschlag

(1) Beamtinnen, Beamten, Richterinnen und Richtern mit Anspruch auf Familienzuschlag wird auf Antrag ein Ergänzungszuschlag zum Familienzuschlag gewährt, wenn

1. deren Ehegattin oder Ehegatte nicht über ein monatliches Nettoeinkommen in Höhe von mindestens der Geringfügigkeitsgrenze einer geringfügigen Beschäftigung gemäß § 8 Absatz 1 Nummer 1 des Vierten Buches Sozialgesetzbuch – Gemeinsame Vorschriften für die Sozialversicherung – in der Fassung der Bekanntmachung vom 12. No-

---

48 Für zwei konkrete Beispiele siehe Seiten 31 und 36.
49 LT-Drucks 18/9514, Anm. 2, S. 9–11.

vember 2009 (BGBl. I S. 3710, 3973; 2011 I S. 363) in der jeweils geltenden Fassung verfügt und
2. die Summe der monatlichen Nettoalimentation der Beamtin, des Beamten, der Richterin oder des Richters und des monatlichen Nettoeinkommens der Ehegattin oder des Ehegatten nicht fünfzehn Prozent über dem monatlichen grundsicherungsrechtlichen Gesamtbedarf der Beamtin, des Beamten, der Richterin oder des Richters und der im Familienzuschlag zu berücksichtigenden Personen nach Anlage 18 liegt (Nettofehlbetrag). Der Ergänzungszuschlag wird, unter Berücksichtigung der Lohnsteuerabzugsmerkmale sowie der Lohnsteuerklasse III, in Höhe des zum Ausgleich des Nettofehlbetrages erforderlichen Betrages mit den monatlichen Bezügen gewährt.

(2) Monatliches Nettoeinkommen der Ehegattin oder des Ehegatten ist der zwölfte Teil deren oder dessen Einkommens des Kalenderjahres gemäß § 18a des Vierten Buches Sozialgesetzbuch sowie Einkünfte aus einer geringfügigen Beschäftigung gemäß § 8 des Vierten Buches Sozialgesetzbuch abzüglich der von der Ehegattin oder dem Ehegatten zu tragenden Steuern und Sozialabgaben. Die Berechnung des Nettoeinkommens aus Einkünften, die der Lohnsteuer gemäß § 38 Absatz 1 des Einkommensteuergesetzes in der Fassung der Bekanntmachung vom 8. Oktober 2009 (BGBl. I S. 3366, 3862) in der jeweils geltenden Fassung unterliegen, für die keine Pauschalversteuerung durch den Arbeitgeber erfolgt, erfolgt nach Maßgabe der Anlage 18.

(3) Bei der Ermittlung der monatlichen Nettoalimentation sowie der Berechnung der Höhe des Ergänzungszuschlages sind Kürzungen der Besoldung, der Verlust der Besoldung und Anrechnungen auf die Besoldung nach diesem Gesetz sowie Kürzungen der Dienstbezüge nach dem Landesdisziplinargesetz vom 16. November 2004 (GV. NRW. S 624) in der jeweils geltenden Fassung unbeachtlich. Die Berechnung der Nettoalimentation erfolgt im Übrigen nach Maßgabe der Anlage 18.

(4) Der Antrag ist schriftlich bei der für die Zahlbarmachung der Bezüge zuständigen Stelle zu stellen. Der Ergänzungszuschlag wird für die Dauer des Kalenderjahres gewährt, in dem der Antrag gestellt wurde, soweit die Voraussetzungen nach Absatz 1 vorliegen. Bei der Antragstellung ist das monatliche Nettoeinkommen der Ehegattin oder des Ehegatten von der Antragstellerin oder dem Antragsteller nachzuweisen. Sofern der Nachweis im Zeitpunkt der Antragstellung nicht möglich ist, genügt die Glaubhaftmachung. In den Fällen des Satzes 4 wird der Ergänzungs-

A. Anlass und Gegenstand der Begutachtung

zuschlag bis zur Erbringung des Nachweises unter dem Vorbehalt der Rückforderung gewährt. Der Nachweis ist spätestens bis zum Ablauf des übernächsten, auf den Bewilligungszeitraum folgenden Kalenderjahres zu erbringen. Änderungen der Einkommensverhältnisse der Ehegattin oder des Ehegatten sind vom Antragsteller unverzüglich bei der nach Satz 1 zuständigen Stelle anzuzeigen; die Sätze 3 und 4 gelten entsprechend.

(5) Die Absätze 1 bis 4 finden entsprechende Anwendung, wenn sich die Beamtin, der Beamte, die Richterin oder der Richter in einer eingetragenen Lebenspartnerschaft nach dem Lebenspartnerschaftsgesetz vom 16. Februar 2001 (BGBl. I S 266), das zuletzt durch Artikel 7 Absatz 6 des Gesetzes vom 31. Oktober 2022 (BGBl. I S. 1966) geändert worden ist, befindet.

(6) Die Absätze 1 bis 5 gelten nicht für Beamtinnen und Beamte mit Anspruch auf Anwärterbezüge.

(7) Die Absätze 1 bis 6 gelten entsprechend für Beamtinnen und Beamte sowie Richterinnen und Richter, denen gemäß § 43 Absatz 5 ein Anspruch auf einen Unterschiedsbetrag zusteht."

Sollte der Ehegatte oder Lebenspartner des Beamten ein höheres Gehalt beziehen, das der Lohnsteuer unterfällt, erfolgt die Anrechnung nach einer dem Gesetz beigegebenen Tabelle nebst Berechnungsschemata (Anlage 18).[50]

Die neue Berechnungsmethode kann grob dahingehend zusammengefasst werden, dass der Ergänzungszuschlag den für den gebotenen 15-Prozent-Abstand erforderlichen Differenzbetrag (§ 71b Abs. 1 Nr. 2 LBesG-neu: „Nettofehlbetrag") ausgleicht. Der Beamte erhält den Ergänzungszuschlag gleichwohl nur auf schriftlichen Antrag, der jährlich wiederholt werden muss. Das Partnereinkommen muss nachgewiesen oder hilfsweise glaubhaft gemacht werden.

Diese zentrale Änderung des Besoldungsrechts – man kommt um den unangenehmen Befund nicht herum – ist in dem Gesetz geradezu versteckt. Weder der amtliche Gesetzesname noch der zusammenfassende Vorspann des Gesetzentwurfs lassen die Strukturänderung erkennen. Sie erscheint erstmals als Unterpunkt des vierten Parameters im Rahmen der ersten Prüfungsstufe, des vom Bundesverfassungsgericht vorgegebenen

---

50 LT-Drucks. 18/9514, Anm. 2, S. 72 ff.

Prüfungsschemas.⁵¹ Erst dort, auf Seite 84 des Gesetzentwurfs, kann der Leser erkennen, was der Gesetzgeber beabsichtigt.

c) Abstandsgebot

Zum besoldungsinternen Abstandsgebot enthält die Gesetzesbegründung knappe Ausführungen zum Maßstab, den die Landesregierung vom Bundesverfassungsgericht übernimmt, und zum Ergebnis vergleichender Abstandsberechnungen. In den Tabellensätzen 6 und 7 werden Jahresbruttobesoldungen verschiedener Besoldungsgruppen und -ordnungen, bezogen auf der Jahre 2023 und 2024, miteinander verglichen. Bezugspunkte der Vergleichsberechnungen sind die Grundhalte der Endstufe mit allgemeiner Stellen- oder Strukturzulage, hingegen werden Amtszulagen und familienbezogene Besoldungsbestandteile nicht berücksichtigt.⁵² Nach der Gesetzsbegründung ist der vierte Parameter eingehalten, wörtlich heißt es: „Der dergestalt vollzogene systeminterne Besoldungsvergleich weist beim Vergleich der Jahre 2019 und 2024 bei den einzelnen Vergleichsbesoldungsgruppen Abschmelzungen von unter 10 Prozent (maximal – 6,21 Prozent) aus."⁵³

3. Vergleichbare Regelungen anderer Länder und des Bundes

Nordrhein-Westfalen ist nicht das erste Land, das die Berechnung der Mindestalimentation verändert und sein Besoldungsrecht an die Rechtsprechung des Bundesverfassungsgerichts angepasst hat. Mit Ausnahme Berlins und des Bundes, die sich noch im Gesetzgebungsverfahren befinden, haben alle Länder ihr Besoldungsrecht bereits geändert.⁵⁴

---

51 LT-Drucks. 18/9514, Anm. 2, S. 84 f., ausführlicher dann S. 104 ff.
52 LT-Drucks. 18/9514, Anm. 2, S. 120 f.
53 LT-Drucks. 18/9514, Anm. 2, S. 83.
54 Eine ausführliche verfassungsrechtliche Würdigungen einzelner Ländermodell bei Torsten Schwan „Wir werden sicherstellen, dass der Bund auch zukünftig verfassungsmäßig alimentiert" – Besoldungsrechtliche Entwicklungen in Bund und Ländern nach der bundesverfassungsgerichtlichen Entscheidung 2 BvL 4/18 und vor den konkreten Normenkontrollverfahren 2 BvL 5/18 bis 2 BvL 9/18, Manuskript vom Februar 2022, zugänglich unter https://www.berliner-besoldung.de/betrachtung-der-besoldungsrechtlichen-entwicklungen-in-bund-und-laendern-seit-2020/.

A. Anlass und Gegenstand der Begutachtung

Der interföderale Vergleich zeigt, dass das hier zu begutachtende Gesetz besser in der Gesamtschau mit den weiteren Regelungen gewürdigt werden kann. Die Begründungen der jeweiligen Gesetzentwürfe, die teilweise wortgleich übereinstimmen, belegen, dass die Änderungen im Besoldungsrecht von Bund und Ländern im Gesamtzusammenhang einer zweifelsohne auf interföderaler Ebene besprochenen Strukturveränderung stehen. Sie erfolgen im Rahmen der allgemeinen Besoldungsanpassung und der „Umsetzung" der neueren Besoldungsrechtsprechung aus Karlsruhe.[55] Die Strukturveränderung zeichnet sich dadurch aus, dass sie mit familien- und geschlechterpolitischen Erwägungen begründet werden, aber mindestens ebenbürtig von – nicht offen gelegten – fiskalischen Motiven getragen sind.[56]

Auf der Grundlage des Vergleichs (siehe Anlage) können drei Gruppen von Regelungsmodellen typisiert werden.

a) Status quo mit Besoldungsanpassung

Die Mitglieder der ersten Gruppe – zu ihr gehören Hessen, das Saarland, Sachsen und Sachsen-Anhalt – zeichnen sich dadurch aus, dass sie die Besoldungsstruktur beibehalten und auch die Berechnungsmethode nicht verändert haben. Weder wird das Leitbild für die Bemessung der Mindestalimentation verändert noch wird ein Partnereinkommen berücksichtigt. Die Rechtsprechung des Bundesverfassungsgerichts wird durch eine Anhebung der Besoldung und weitere Maßnahmen im Rahmen der bestehenden Besoldungsstruktur umgesetzt; die Landesgesetzgeber arbeiten, wie das alle Gesetzgeber tun, das vom Bundesverfassungsgericht entwickelte Schema

---

[55] Einen Vergleich unternimmt Gisela Färber, Quo vadis Alimentationsprinzip?, Zeitschrift für Beamtenrecht 2023, S. 73 ff.
[56] Eindrucksvoll offenherzig Leisner-Egensperger, Anm. 44, S. 778: „Zeitgeistadäquate Alternativmodelle zu den Karlsruher Kalkulationen würden der Besoldungsgesetzgebung in Bund und Ländern erhebliche Einsparpotenziale eröffnen – und dies auch jenseits der Haushaltssicherungskonzepte, die ihnen durch Art. 109 III, 143 d I 4 GG vorgegeben werden". Ähnlich direkt Klaus Füßer/Katharina Nowak, Die Alimentation der Beamtenfamilie: Pflicht oder Mythos?, Neue Zeitschrift für Verwaltungsrecht 2018, S. 447 (453): „Die Umgestaltung des Besoldungsrechts auf eine nicht am Paradigma der Alleinverdienerehe orientierten Struktur mag kompliziert sein. Ihr ist aber ein erhebliches Einsparpotenzial zu eigen und dies auch diesseits von Einschnitten, die nur als Teil eines Gesamtsparkonzepts gerechtfertigt werden könnten." (Nachweis weggelassen).

der drei Prüfungsstufen anhand statistischer Daten mehr und teilweise minder detailliert ab.

b) Berücksichtigung eines fiktiven Partnereinkommens

Die Mitglieder der zweiten Gruppe – sie besteht aus Bayern und Rheinland-Pfalz sowie auf Grundlage des Referentenentwurfs der Bund[57] – haben das Familienbild für die Bemessung der Mindestalimentation hin zur „Mehrverdienerfamilie" oder zum „Familieneinkommen" geändert. Sie berechnen den Bedarf einer vierköpfigen Beamtenfamilie, indem sie ein fiktives Partnereinkommen berücksichtigen.

Die Regelungen unterscheiden sich besonders in der Höhe des Partnereinkommens, das von einem Minijob-Jahreseinkommen (Bund, Rheinland-Pfalz) bis zum Betrag von 20.000 Euro (Bayern) reicht. Der Freistaat hat ein eigenes Modell entwickelt, das den Familien- und Ortszuschlag in den Mittelpunkt stellt.[58] In diesem Rahmen wird die Bezugsgröße der „Alleinverdiener-Familie mit zwei Kindern" zugunsten der „Mehrverdiener-Familie" aufgegeben. Dies bilde die „tatsächlichen Familienverhältnisse der modernen Gesellschaft des 21. Jahrhunderts [...] realitätsgerechter ab. Sie ist daher auch als Bezugsgröße für die Bemessung familienbezogener Besoldungsbestandteile nicht mehr zwingend."[59] Bei der Bemessung der Familien- und Ortszuschläge wird, in Anlehnung an die Beihilferegelung, ein Jahreseinkommen von 20.000,- Euro zugrunde gelegt. Die Grundbesoldung bleibt unberührt.

Der fiskalische Effekt, der bei dieser Berücksichtigung eines Partnereinkommens entsteht, ist eindrucksvoll exemplifiziert, in einem Rechenbeispiel, das der bayerische Gesetzentwurf enthält und das hier seiner Klarheit wegen zitiert werden soll:

---

57 Ein im Januar 2023 vorgelegter Referentenentwurf für ein Gesetz zur Sicherstellung einer amtsangemessenen Bundesbesoldung und -versorgung und zur Änderung weiterer Vorschriften, ist im August 2024 in überarbeiteter Fassung erneut öffentlich gemacht worden; siehe Anm. 22.
58 Gesetz zur Neuausrichtung orts- und familienbezogener Besoldungsbestandteile vom 10. März 2023, GVBl. 2023, S. 80.
59 LT-Drucks. 18/25363, S. 21.

A. Anlass und Gegenstand der Begutachtung

Beamtenfamilie[3]		Grundsicherungsempfänger-Familie[4]	
Bruttobezüge	28.469,16 €	Regelsätze	17.298,72 €
zzgl. orts- und familienbezogene Bezügebestandteile	+ 8.528,64 €	zzgl. Wohnkosten	+ 14.454,00 €
zzgl. jährl. Sonderzahlung	+ 2.410,85 €	zzgl. Heizkosten	+ 1.443,48 €
abzgl. Einkommensteuer	- 2.466,00 €	zzgl. Leistungen für Bildung und Teilhabe (§ 28 SGB II)	+ 1.062,24 €
abzgl. Beiträge für eine die Beihilfe ergänzende Krankenversicherung	- 7.473,36 €	zzgl. Staatlicherseits gewährte Leistungen zu vergünstigtem Sozialtarif	+ 1.557,36 €
zzgl. Kindergeld	+ 5.256,00 €		
zzgl. regelmäßig vom anderen Elternteil zu erwartenden Beitrag zum Familieneinkommen, Netto-Anteil	+ 12.736,00 €		
		Zwischensumme	35.818,80 €
		x 1,15	
Summe	47.461,29 €	Summe	41.188,17 €

Verglichen werden zwei jeweils vierköpfige Familien, die Beamtenfamilie (Besoldungsgruppe A 3, Stufe 2, verheiratet, zwei Kinder, Wohnort München, Jahr 2022), die Grundsicherungsempfänger-Familie, verheiratet, zwei Kinder, Wohnort München, Jahr 2022.[60] Erst die Anrechnung eines zweiten Nettoeinkommens in Höhe von 12.736,– Euro bei der Beamtenfamilie erhöht das Familieneinkommen auf die Summe, die weit über dem Einkommen der Vergleichsfamilie liegt. Ohne dieses fiktive Einkommen läge das Familieneinkommen des Beamten bei lediglich 34.725,29 Euro und damit unter (!) dem Einkommen aus staatlichen Transferleistungen. Der Dienstherr müsste dem Beamten jährlich einen zusätzlichen Betrag von 6.462,68 Euro zuwenden, damit die Beamtenfamilie über 15 Prozent mehr Nettoeinkommen als die Vergleichsfamilie verfügte. Dieser Betrag wird eingespart. Hinzu kommt eine rechnerische Aufwertung der Beamtenfamilie, die den Abstand zu den Transferleistungsempfängern deutlich erhöht. Die Möglichkeit eines Ergänzungszuschlags für den Fall, dass die

---

60 LT-Drucks. 18/25363, S. 23, die Fußnoten 3 und 4 enthalten die Familienspezifizierungen.

Beamtenfamilie nicht über ein Partnereinkommen verfügt, ist in Bayern *nicht* vorgesehen.

Der Bund geht in der Begründung seines Referentenentwurfs darauf ein, was geschieht, wenn der Beamte keinen Partner hat (Alleinerziehende). In diesem Fall könne „ein ergänzender Hinzuverdienst naturgemäß nicht unterstellt werden. Allerdings entfällt insoweit auch der dem Regelungskonzept einer vierköpfigen Alleinverdienerfamilie [...] zugrunde liegende Bedarf, soweit dieser auf die Partnerin oder den Partner bezogen ist. Eine Benachteiligung Alleinerziehender ist von daher mit der pauschalen Annahme eines partnerschaftlichen Hinzuverdienstes nicht verbunden." Mit anderen Worten, auch bei einer Beamtenfamilie ohne erwachsenen Partner wird das fiktive Partnereinkommen der Berechnung zugrunde gelegt. Ist ein Partner vorhanden, hat dieser jedoch kein eigenes Erwerbseinkommen, widerspricht das der Erwartung des Bundesgesetzgebers:

„Im Ergebnis wird die zur Wahrung des Abstandes zur sozialen Grundsicherung erforderliche Nettobesoldung künftig in der Weise ermittelt, dass regelmäßig auch von der Ehepartnerin bzw. vom Ehepartner der Beamtin bzw. des Beamten oder der mit ihr oder ihm in häuslicher Gemeinschaft lebenden Partnerin oder des mit ihr oder ihm in häuslicher Gemeinschaft lebenden Partners ein ergänzender Beitrag zum gemeinschaftlichen Unterhalt der Ehe bzw. der Lebensgemeinschaft zu erwarten ist."[61]

c) Berücksichtigung eines realen Partnereinkommens

Alle anderen Länder haben sich für die Berücksichtigung eines realen, das heißt tatsächlich erzielten Partnereinkommens bei der Berechnung der Mindestalimentation entschieden. Ausgangspunkt ist auch bei dieser Gruppe ein geändertes Leitbild. Das Leitbild wird teilweise ausdrücklich hin zum „Mehrverdiener-" oder „Hinzuverdienst-Modell", vereinzelt aber in einer sprachlichen Umschreibung geändert, ohne explizit ein neues Modell zu benennen (Bremen: Abkehr von Alleinverdiener-Familie; Thüringen: Alleinverdienerehe ergänzt).

Die Gruppe kann noch einmal binnendifferenziert werden, je nach Umfang des berücksichtigten Partnereinkommens. Eine erste Teilgruppe (Brandenburg, Bremen und Mecklenburg-Vorpommern) legt mindestens

---

61 Referentenentwurf, Anm. 22, S. 60 f.

A. Anlass und Gegenstand der Begutachtung

ein Minijob-Jahreseinkommen zugrunde und begrenzt die Möglichkeit eines ergänzenden Familienzuschlags auf ein maximales Partnereinkommen in Höhe des zwölffachen Minijob-Jahreseinkommens (77.472,– Euro). Eine zweite Teilgruppe begrenzt die Antragsmöglichkeit auf einen ergänzenden Familienzuschlag bei bestimmten Beträgen: Baden-Württemberg (mehr als 6.000,– Euro), Berlin und Hamburg (um die Hälfte des Jahreseinkommens einer sozialversicherungspflichtigen Tätigkeit mit Mindestlohn), Niedersachsen (Zwölffaches des Minijob-Jahreseinkommens zuzüglich einer Kinderpauschale).

Schleswig-Holstein hat zunächst die Besoldungsgruppe A 5 für die erste Laufbahngruppe gestrichen und darüber hinaus einen Familienergänzungszuschlag (§ 45a LBesG) eingeführt, der die Unteralimentation in unteren Besoldungsgruppen sowie bei Familien mit mehr als zwei Kindern beseitigen soll.[62] Der Zuschlag ist bedarfsorientiert ausgerichtet und berücksichtigt das Familieneinkommen „in Form des Gesamtbetrags der Einkünfte im Sinne des Einkommenssteuerrechts." Ausdrücklich wendet sich der Gesetzgeber damit von der Alleinverdienstannahme ab.[63] In der Begründung rechtfertigt der Gesetzgeber seinen Schritt mit historischen Argumenten, im Wesentlichen den veränderten familienrechtlichen Bedingungen und dem höheren Erwerbsanteil von Frauen. Darüber hinaus ist er aber auch der Ansicht, dass eine Differenzierung auch deshalb geboten sei, „um kaum mehr zu vermittelnde Verwerfungen innerhalb des Besoldungssystems insgesamt, aber auch im Verhältnis zu den Tarifbeschäftigten zu vermeiden. Denn außerhalb des beamtenrechtlichen Besoldungsrechts spielt die jeweilige Familiensituation für die Bezahlung überhaupt keine Rolle." Der Gesetzgeber verweist darauf, dass die Gründung einer Familie mit Kindern bei Tarifbeschäftigten und in der Wirtschaft Privatsache sei, ohne Auswirkungen auf das Gehalt.[64] Die Gesetzesbegründung geht allerdings dann nicht auf den strukturellen Unterschied zwischen Beamten und Angestellten ein, der darin liegt, dass erstens das Beamtenverhältnis auf Lebenszeit angelegt ist, also der Wechsel auf einen besser bezahlten Arbeitsplatz hypothetisch ist, und zweitens die Möglichkeiten des Hinzu-

---

62 Gesetz zur Gewährleistung eines ausreichenden Abstandes der Alimentation zur sozialen Grundsicherung und zur amtsangemessenen Alimentation von Beamtinnen und Beamten mit mehr als zwei Kindern vom 24.3.2022, LT-Drucks. 19/3428, GVOBl. Schl.-H. S. 309.
63 LT-Drucks. 19/3428, Anm. 62, S. 5.
64 LT-Drucks. 19/3428, Anm. 62, S. 53 f.

3. Vergleichbare Regelungen anderer Länder und des Bundes

verdiensts (Nebentätigkeiten) deutlich eingeschränkt sind.[65] Nur am Rande sei erwähnt, dass Arbeitgeber in der freien Wirtschaft auch keinen Gehaltsabzug machen, wenn der Partner über eigenes Einkommen verfügt.

Eine letzte Teilgruppe, zu der Thüringen und das Gesetz aus Nordrhein-Westfalen gehören, bezieht sich auf ein Minijob-Jahreseinkommen. Anspruchsberechtigt sind in Thüringen für einen „alimentativen Ergänzungszuschlag" Beamte oder Richter, die verheiratet oder verpartnert sind, Familienzuschlag für mindestens ein Kind erhalten und deren Partner nicht mindestens über ein Einkommen über der bereits erwähnten Geringfügigkeitsgrenze des § 8 Abs. 1a Satz 2 SGB IV verfügen (§ 39a ThürBesG). Anders als in Nordrhein-Westfalen, berücksichtigt Thüringen – ausdrücklich wegen des Gleichbehandlungsgebots – das gesamte Partnereinkommen, also etwa auch ein Vermögenseinkommen, Elterngeld und vergleichbares ausländisches Einkommen.

Der Gesetzgeber begründet die Änderung mit Verweis auf die Entscheidungen des Bundesverfassungsgerichts aus dem Jahr 2020 und die „Lebenswirklichkeit in Thüringen", zu der die Zuverdiener- und die Doppelverdienerehe gehörten.[66] Er nimmt für sich in Anspruch, dass das neue Familienmodell eine Fortentwicklung der hergebrachten Grundsätze des Berufsbeamtentums im Sinne des Art. 33 Abs. 5 GG sei – es ist hier bereits erwähnt worden, dass die Fortentwicklungsklausel nach der Rechtsprechung lediglich auf das öffentliche Dienstrecht und nicht auf die Grundsätze bezogen ist. Die Alleinverdienerehe sei gleichwohl weiterhin der Bezugsrahmen „im Sinne einer Untergrenze für eine verfassungsgemäße Alimentation". Der Mindestabstand zum Grundsicherungsniveau, der in Thüringen 16 Prozent beträgt, müsse deshalb in jedem Fall eingehalten werden, weshalb der Gesetzgeber – wie in Nordrhein-Westfalen – einen Ergänzungszuschlag eingeführt hat. Dies sei auch die Konsequenz aus der verfassungsrechtlich garantierten Wahlfreiheit des Beamten und des Richters bezüglich seines „Familienstatus".[67]

---

65 Lutz Rodermond, Hat die Einverdienstehe ausgedient?, Die öffentliche Verwaltung 2023, S. 801 (809), mit dem statistisch fundierten Hinweis, dass Beamte gerade in unteren Besoldungsgruppen Nebentätigkeiten nachgehen.
66 Gesetzentwurf der Landesregierung, Thüringer Gesetz zur Anpassung der Besoldung und Versorgung in den Jahren 2024 und 2025 und zur Änderung besoldungs- und versorgungsrechtlicher sowie anderer Vorschriften vom 16.4.2024, LT-Drucks. 7/9853, S. 137.
67 LT-Drucks. 7/9853, Anm. 66, S. 138 f.

A. Anlass und Gegenstand der Begutachtung

Da das Gesetz aus Nordrhein-Westfalen leider keine geeigneten Vergleichstabellen enthält sowie aufgrund der Ähnlichkeit der nordrhein-westfälischen mit der thüringischen Regelung, seien an dieser Stelle die entsprechende thüringische Vergleichsrechnung für eine vierköpfige Beamtenfamilie und eine vierköpfige Familie in der sozialrechtlichen Grundsicherung angefügt:[68]

Nettoeinkommen vierköpfige Beamtenfamilie (2024), Besoldungsgruppe A 6, Stufe 3

Bestandteil	Betrag in Euro
Bruttobezüge, einschließlich alimentativer Ergänzungszuschlag nach Artikel 2 Nr. 7 (§ 39 a ThürBesG) in Höhe von 531,23 Euro	51.143,94
Werbungskostenpauschbetrag nach § 9a Abs. 1 Nr. 1 Buchst. a EStG	-1.230,00
Kranken- und Pflegeversicherung als BEG-Anteil pro Jahr	-6.450,24
Sonderausgabenabzug Betreuungskosten	-817,00
Zwischensumme (zu versteuerndes Einkommen) auf volle Euro abgerundet	42.646,00
Einkommensteuer nach Splitting	-4.188,00
Nettoeinkommen (Differenz Bruttobezüge und Einkommensteuer nach Splitting)	46.955,94
Kindergeld	6.000,00
Kosten der privaten Kranken- und Pflegeversicherung	-7.986,24
verfügbares Nettoeinkommen	44.969,70

Grundsicherungsbedarf einer vierköpfigen Familie (2024)

Bestandteil	Betrag in Euro
Regelsatz für zwei Erwachsene	1.012,00
Regelsatz für zwei Kinder (Bedarfsstufen 4, 5 und 6 altersgewichtet, gerundet auf volle Euro)	794,00
Kosten der Unterkunft und Heizung (95 Prozent-Perzentil), Erhöhung des prognostischen Wertes für das Jahr 2024 in Höhe von 1.075 Euro um 2,6 Prozent	1.102,95
Bildung und Teilhabe nach § 28 SGB II für zwei Kinder (gewichtet auf die Totalperiode von 18 Jahren)	191,66
Kinderbetreuungskosten für zwei Kinder (gewichtet auf die Totalperiode von 18 Jahren)	87,07
zu berücksichtigende Sozialtarife	20,18
Berücksichtigung der Rundfunkbeitragsbefreiung	18,84
Sofortzuschlag für zwei Kinder in Höhe von monatlich 20 Euro nach § 72 Abs. 1 SGB II	40,00
Zwischensumme (Monatsbetrag)	3.266,70
alimentationsrelevanter Grundsicherungsbedarf (Jahresbetrag)	39.200,40

Bei der Gegenüberstellung der beiden Jahresnettoeinkommen (Beamtenfamilie: 44.969,70 Euro; Vergleichsfamilie: 39.200,40 Euro) ist für die spätere verfassungsrechtliche Würdigung im Blick zu halten, dass bei der Beamtenfamilie ein Partnereinkommen von brutto 6.374,76 Euro berücksichtigt worden ist (12 x 531,23 Euro Zuschlag aus § 39a ThürBesG, siehe linke Spalte, Zeile 1).

---

68 LT-Drucks. 7/9853, S. 93, 96.

4. Fragestellung

Vor diesem Hintergrund hat der Landesverband Nordrhein-Westfalen des Deutschen Beamtenbundes mich beauftragt, gutachterlich folgende Fragen zu beantworten:

1. Steht die Heranziehung eines „Partnereinkommens", so wie vom nordrhein-westfälischen Landtag in dem genannten Gesetz beschlossen, im Einklang mit dem geltenden Verfassungsrecht, insbesondere Artikel 33 Absatz 5 des Grundgesetzes, und werden die hergebrachten Grundsätze des Berufsbeamtentums hinreichend berücksichtigt?
2. Ist es verfassungsrechtlich zulässig, dass eine das Abstandsgebot zum grundsicherungsrechtlichen Gesamtbedarf wahrende Besoldung von einem Antragserfordernis abhängig gemacht wird?
3. Ist das Gesetz insgesamt verfassungsgemäß?

B. Verfassungsrechtliche Würdigung

Die verfassungsrechtliche Würdigung des Gesetzes nimmt im Hinblick auf die Fragestellung zunächst die Berücksichtigung des Partnereinkommens in den Blick (1.). Es folgt die Prüfung des Antragserfordernisses mit besonderer Aufmerksamkeit für die Notwendigkeit, die Antragsvoraussetzungen glaubhaft zu machen (2.). In einem dritten Gliederungsschritt werden die Schlussfolgerungen gezogen (3.).

1. Berücksichtigung eines Partnereinkommens

Die Berücksichtigung eines Partnereinkommens für die Berechnung der Mindestalimentation eines Beamten muss dem verfassungsrechtlichen Maßstab aus Art. 33 Abs. 5 GG genügen. Eine Verfassungswidrigkeit kommt unter den Aspekten des Mindestabstandsgebots (a), der Einordnung des Partnereinkommens als Alimentation (b) und der Pflicht zu amtsangemessener Alimentation (c) in Betracht.

a) Mindestabstandsgebot

aa) Das Mindestabstandsgebot ist ein aus dem Alimentationsprinzip und damit aus Art. 33 Abs. 5 GG abgeleiteter, eigenständiger Grundsatz.[69] Das Gebot verpflichtet den Dienstherrn, bei der Besoldungsbemessung seiner Beamten, Richter und Staatsanwälte einen hinreichend deutlichen Abstand zur staatlichen Grundsicherung für Arbeitssuchende (vormals „Arbeitslosengeld II", nunmehr „Bürgergeld") einzuhalten. Dieser, auf das Jahresnettoeinkommen bezogene Abstand beträgt nach der neueren Rechtsprechung des Bundesverfassungsgerichts, wie bereits erläutert, 15 Prozent – mit anderen Worten, die Jahresnettoalimentation eines Beamten mit seiner Familie muss 15 Prozent höher als das Grundsicherungsniveau einer Vergleichsfamilie liegen.[70]

---

69 BVerfGE 155, 1 (24).
70 BVerfGE 155, 1 (24).

B. Verfassungsrechtliche Würdigung

Der vierte Parameter im Rahmen der ersten Stufe des vom Bundesverfassungsgericht vorgegebenen Prüfungsschemas bildet dieses Kriterium ab; seine Nichteinhaltung indiziert die Verletzung des Alimentationsprinzips und führt direkt zur zweiten und dritten Prüfungsstufe.

Der nordrhein-westfälische Gesetzgeber ist sich dieses verfassungsrechtlichen Maßstabs für die Beamtenbesoldung bewusst und erkennt diesen an. Es ist das erklärte Ziel des Gesetzes, die nordrhein-westfälische Beamtenbesoldung strukturell so auszurichten, dass die Schwelle der Mindestalimentation eingehalten wird.

Die entscheidende Frage ist, auf welcher Bemessungsgrundlage der verfassungsrechtlich gebotene Mindestabstand berechnet ist und, ob das Ziel tatsächlich erreicht wird. Bislang fließen in die Berechnung des Jahresnettoeinkommens des Beamten die Grundbezüge, orts-, familien- und leistungsbezogene Zuschläge, Sonderzahlungen und das Kindergeld ein. Bei der Berechnung legt die Besoldungspraxis eine vierköpfige Familie, das heißt zwei Elternteile, von denen einer im Beamtenverhältnis steht, mit zwei Kindern zugrunde. An diesem Punkt will der Gesetzgeber nunmehr eingreifen, indem er die Bemessungsgrundlage um ein fiktives Einkommen vergrößert, das dem Partner des Beamten zugerechnet wird. Dieses fiktive Einkommen, die Existenz eines tatsächlichen Erwerbseinkommens des Partners spielt zunächst keine Rolle, wird mit dem Jahreseinkommen eines Minijobs als Mindestbetrag angesetzt. Der Betrag von 6.456,– Euro (im Jahr 2024) wird also dem vom Dienstherrn gezahlten Jahresnettoeinkommen des Beamten hinzugerechnet und dieser fiktive Gesamtbetrag wird mit dem Grundsicherungseinkommen verglichen. Ergibt der Vergleich eine Differenz zulasten der Beamtenfamilie im Hinblick auf den 15-Prozent-Abstand, ist § 71b LBesG-neu anwendbar. Der Beamte *kann* einen schriftlichen Antrag auf den Ergänzungszuschlag zum Familienzuschlag stellen. Da das nordrhein-westfälische Gesetz die Wahlfreiheit der Beamtenfamilie vordergründig respektiert,[71] ob der Partner tatsächlich ein Erwerbseinkommen erarbeiten will – andere Länder und der Bund tun das nicht –, würde der Ergänzungszuschlag gegebenenfalls ein nicht erzieltes Minijob-Jahreseinkommen kompensieren.

---

71 Vgl. Leisner-Egensperger, Anm. 44, S. 780: Im Gesamtsystem der hergebrachten Grundsätze hat die Wahlfreiheit des Beamten in Bezug auf seinen persönlichen Bereich einen besonderen Stellenwert. Denn nur sie versetzt ihn in die Lage, vollen persönlichen Einsatz bei der Erfüllung seiner dienstlichen Verpflichtungen zu erbringen."

I. Berücksichtigung eines Partnereinkommens

Die letztgenannte Konstellation, in der sich die Beamtenfamilie entscheidet, vom Alleinverdienst des Beamten zu leben, zeigt, dass der Dienstherr „seinen" Beamten über den Ergänzungszuschlag entsprechend seiner Verpflichtungen alimentiert, vorausgesetzt, was an dieser Stelle angenommen wird, dass Grundbezüge und Zuschläge tatsächlich den gebotenen Mindestabstand zum Grundsicherungsniveau herstellen. Der Gesetzgeber muss sich also daran festhalten lassen, dass das Ziel – eine amtsangemessene, den Mindestabstand zur Sozialleistung wahrende Besoldung – unstreitig ist. Die entscheidende Frage ist demnach, ob der vom Landesgesetzgeber eingeschlagene Weg verfassungsmäßig ist.

bb) Aus diesem Zusammenhang wird zunächst deutlich, dass der Gesetzgeber keinen echten Wechsel des Familienleitbildes, wie vom Bund und von der Mehrzahl der Länder beansprucht, vornimmt.

Es ist wichtig, festzuhalten: Das Bundesverfassungsgericht hat in der auch im Gesetzentwurf zitierten Randnummer 47 der Entscheidung im 155. Band ausdrücklich festgestellt, dass die „vierköpfige Alleinverdienerfamilie" *nicht* das Leitbild der Beamtenbesoldung ist. Sie ist „eine aus der bisherigen Besoldungspraxis abgeleitete Bezugsgröße".[72]

Das Gesetz wendet sich von diesem selbsterklärten „traditionellen Familienbild der Alleinverdienerfamilie"[73] auch nicht ab.[74] Das Gesetz modifiziert es. Denn letztendlich soll es weiterhin in der Entscheidungsfreiheit der Beamtenfamilie stehen, ob der Partner einer Erwerbsarbeit nachgeht oder nicht. Der Besoldungsgesetzgeber hat im Grunde genommen ein Regel-Ausnahme-Verhältnis eingeführt, nach dem typisiert, als Regelfall ein fiktives Mindesteinkommen in die Bemessungsgrundlage einbezogen wird. Damit will das nordrhein-westfälische Gesetz, wie in der Gesetzesbegründung allerdings nicht substantiiert, den gesellschaftlichen Entwicklungen Rechnung tragen, wonach Alleinverdienerfamilien, statistisch betrachtet, in der Minderheit sind. In der Mehrzahl der Familien, so ist in den Gesetzes-

---

72 BVerfGE 155, 1 (24), Rn. 47.
73 LT-Drucks. 18/9514, S. 84.
74 So auch die Aussage von Peter Michael Huber in der Anhörung des Haushalts- und Finanzausschusses vom 5.9.2024, Apr 18/653, S. 6, die gegenüber seiner schriftlichen Stellungnahme 18/1743, S. 5, eindeutig ausfällt: „Ich bin mir nicht so sicher, ob dieser Gesetzentwurf, wie es ein bisschen tönend heißt, wirklich einen Wechsel des Leitbildes und des Familienleitbildes darstellt, weil es für die vierköpfige Familie und jenseits der Besoldungsgruppe A5 vermutlich keine grundlegenden Änderungen gibt und man nach wie vor von der Möglichkeit einer Alleinverdienerehe ausgeht und verfassungsrechtlich vermutlich ausgehen muss."

B. Verfassungsrechtliche Würdigung

begründungen anderer Länder und des Bundes nachzulesen, verdiene der Partner durch eigene Erwerbsarbeit hinzu.[75] Der Alimentationsanspruch des Beamten für sich und seine Familie wird vom nordrhein-westfälischen Gesetz dem Grunde nach nicht in Frage gestellt. Der Anspruch wird allerdings durch ein Antragserfordernis prozeduralisiert.

cc) Von einem Leitbildwechsel ließe sich möglicherweise sprechen, wenn der Dienstherr – wie der Bund in seinem Referentenentwurf[76] – für ein nicht erzieltes Partnereinkommen keinen Ausgleich vorsähe. Für das verfügbare Jahresnettoeinkommen eines Beamten ist es bei der gewählten Ausgestaltung entscheidend, dass der Partner auch tatsächlich das angerechnete Einkommen erzielt. Bei solch einer Besoldungsregelung hinge die Entscheidung des Beamten für eine Familie und Kinder davon ab, ob der Partner ein Erwerbseinkommen erzielt. Sollte der Partner – aus welchen Gründen auch immer – kein Erwerbseinkommen haben, stünde der Beamte vor der Entscheidung, seine Familie aus den familienneutralen Teilen seiner Bezüge zu unterhalten. In den Worten des Bundesverfassungsgerichts:

> „Der Besoldungsgesetzgeber hat die Besoldung so zu regeln, dass Richter und Beamte nicht vor die Wahl gestellt werden, entweder eine ihrem Amt angemessene Lebensführung aufrechtzuerhalten oder, unter Verzicht darauf, eine Familie zu haben und diese entsprechend den damit übernommenen Verpflichtungen angemessen zu unterhalten (vgl. BVerfGE 44, 249 <267, 273 f.>; 99, 300 <315>)."[77]

Diese wichtige Feststellung hat nichts mit etwaigen Familienbildern und viel mit der Institution des Berufsbeamtentums zu tun. Denn das Alimentationsprinzip ist eng auf das Lebenszeitprinzip bezogen. Der Beamte tritt grundsätzlich für seine gesamte Lebensarbeitszeit in das Beamtenverhältnis ein und nimmt es zugleich hin, dass die Nebenverdienstmöglichkeiten sehr beschränkt sind. Das Lebenszeitprinzip soll die persönliche Unabhängigkeit des Beamten und damit seiner Amtsführung sichern.[78]

---

75 Etwa LT-Drucks. 7/9853, S. 137 für Thüringen; Bundesministerium des Innern, Referentenentwurf, Anm. 22, S. 60 für den Bund.
76 Siehe Anm. 22.
77 BVerfGE 155, 77 (92); die Formulierung „familienneutrale Bestandteile seines Gehalts" bezieht sich auf Beamtenfamilien mit drei und mehr Kindern, vgl. BVerfGE 99, 300 (316), bestätigt in BVerfGE 155, 77, Ls. 1.
78 BVerfGE 119, 247 (263); 121, 204 (221): „Die mit dem Lebenszeitprinzip angestrebte Unabhängigkeit der Amtsführung ist dabei nicht etwa ein persönliches Privileg des

Beamte befinden sich deshalb in einer prinzipiell anderen Ausgangslage als Arbeitnehmer in der Privatwirtschaft. Ein Vergleich der Beamtenfamilie mit der Arbeitnehmerfamilie ist verfassungsrechtlich nicht tragfähig. In privaten Arbeitsverhältnissen spielt der Familienstatus in der Regel für den Arbeitgeber keine Rolle und die Existenz von Kindern wird durch das staatlich gewährte Kindergeld adressiert. Entscheidet ein Arbeitnehmer sich für Familie mit Kindern und reicht das Gehalt nicht aus, bestehen zwei Möglichkeiten, um das Arbeitseinkommen zu erhöhen: der Arbeitsplatzwechsel oder die Aufnahme einer weiteren, parallelen Beschäftigung. Diese Möglichkeiten hat der Beamte gerade nicht oder nur unter erheblichen Nachteilen, weil das Beamtenrecht ein freiwilliges Ausscheiden aus dem Beamtenverhältnis unattraktiv macht und Nebentätigkeiten grundsätzlich unter Genehmigungsvorbehalt stellt und an strikte Voraussetzungen knüpft.

b) Das Partnereinkommen als Alimentationsbestandteil?

Das Partnereinkommen wird durch das neue Regel-Ausnahme-Verhältnis für die Berechnung der Mindestbesoldung jedoch zu einem Teil der Alimentation.

Alimentation bedeutet eine Unterhaltszuwendung des Dienstherrn an den Beamten – ob diese aus dem Treueverhältnis oder als „Gegenleistung" für die Dienste des Beamten gewährt wird, braucht hier nicht entschieden zu werden,[79] weil es darauf nicht ankommt. Das Bundesverfassungsgericht hat das überlieferte Alimentationsprinzip früh für die Bundesrepublik anerkannt und sich über Jahrzehnte immer wieder dazu geäußert. Zuletzt hat es im Jahr 2020 diesen hergebrachten Grundsatz des Berufsbeamtentums dahingehend zusammengefasst, dass es

> „den Dienstherrn [verpflichtet], Richter und Beamte sowie ihre Familien lebenslang angemessen zu alimentieren und ihnen nach ihrem Dienstrang, nach der mit ihrem Amt verbundenen Verantwortung und nach

---

Beamten, das seiner Disposition unterliegen könnte, sondern soll dem Gemeinwohl dienen. Nur wenn die innere und äußere Unabhängigkeit gewährleistet ist, kann realistischerweise erwartet werden, dass ein Beamter auch dann auf rechtsstaatlicher Amtsführung beharrt, wenn sie (partei-)politisch unerwünscht sein sollte [Nachweis weggelassen]. Das Berufsbeamtentum wird so zu einem Element des Rechtsstaates.

79 Vgl. Beate Thiemer, Das Alimentationsprinzip, Berlin 1992, S. 97 ff.

B. Verfassungsrechtliche Würdigung

der Bedeutung der rechtsprechenden Gewalt und des Berufsbeamtentums für die Allgemeinheit entsprechend der Entwicklung der allgemeinen wirtschaftlichen und finanziellen Verhältnisse und des allgemeinen Lebensstandards einen angemessenen Lebensunterhalt zu gewähren."[80]

Die Erstreckung der Alimentation auf die Familie des Beamten ist klar und eindeutig. Gleichwohl ist die Beamtenfamilie, das heißt der Partner des Beamten und deren Kinder, nicht subjektiv, grundrechtsähnlich berechtigt. Lediglich der Beamte selbst hat aus Art. 33 Abs. 5 GG einen gerichtlich durchsetzbaren Anspruch auf amtsgemessene Alimentation.[81] Die Familie ist reflexhaft aus diesem Anspruch begünstigt. Juristischer Bezugspunkt für die Alimentation ist das Dienst- und Treueverhältnis zwischen Dienstherrn und Beamten.

Das nordrhein-westfälische Gesetz verändert diesen Zusammenhang. Die Einbeziehung eines fiktiven Partnereinkommens in die Bemessungsgrundlage für die Mindestbesoldung macht dessen Einkommen rechtlich zum Bestandteil der Alimentation. Es steht außer Frage, dass bei einer Nichtberücksichtigung des Partnereinkommens in Höhe von jährlich 6.456,- Euro wenigstens dieser Betrag vom Dienstherrn für untere Besoldungsgruppen zusätzlich aufgewendet werden müsste, um die verfassungsmäßige Mindestbesoldung zu erreichen. Der Beamte ist also für sich betrachtet unteralimentiert, weil er die Schwelle zur Mindestalimentation allein durch das Partnereinkommen erreicht. Die Existenz und die Höhe dieses Partnereinkommens ist dem Beamten jedoch vollkommen entzogen. Die Entscheidung zur Aufnahme einer Erwerbstätigkeit liegt beim Partner, sie kann vom Beamten – auch wenn es eheliche Unterhaltspflichten gibt – nicht erzwungen werden.

Die eheliche Unterhaltspflicht, auf die die Gesetzbegründungen anderer Länder ausdrücklich als Rechtfertigung für die Heranziehung des Partnereinkommens eingehen, trägt nicht. Das Argument ist zirkulär. Ehegatten und Lebenspartner sind als Verwandte in gerader Linie verpflichtet, einander Unterhalt zu gewähren (§ 1601 BGB). Unterhaltsberechtigt ist aber nur, wer außerstande ist, sich selbst zu unterhalten (§ 1602 BGB). Der Beamte, dessen Jahresnettoeinkommen durch das Partnereinkommen gesteigert werden soll, ist aber geradezu der Idealtyp des sich selbst unterhaltenden

---

80 BVerfGE 155, 77 (89).
81 Sabine Leppek, Status des Einzelnen im Beamtenrecht, in: Ludwigs/Kahl (Hg.), Handbuch des Verwaltungsrechts, Bd. IV, 2022, § 106, Rn. 43 f.

1. Berücksichtigung eines Partnereinkommens

Bürgers. Der Beamte hat nämlich den zitierten Anspruch aus dem Alimentationsprinzip, der ihm *und seiner Familie* ein auskömmliches Leben garantiert. Vollends ins Leere geht das Unterhaltsargument bei einer Ehe oder Lebenspartnerschaft in Gütergemeinschaft (§ 1415 ff. BGB; § 7 LPartG), die darauf angelegt ist, die Vermögen der Partner voneinander zu trennen.[82] Der Alimentationsanspruch kann nicht durch den Verweis auf die Unterhaltspflicht des Ehegatten fiskalisch heruntergerechnet werden.

Das Bundesverfassungsgericht hat zwar in der zitierten Randnummer 47 der Entscheidung im 155. Band „einen breiten Gestaltungsspielraum" des Gesetzgebers betont. Es hat aber zugleich eindeutig zu erkennen gegeben, dass dieser Spielraum *nicht* die Neudefinition des Alimentationsprinzips meint. Der Gestaltungspielraum bezieht sich allein auf die Konstruktion der Alimentationsbestandteile.[83] Dass *die Familie* weiterhin zu alimentieren ist, steht auch nach der neueren Rechtsprechung außer Frage. Änderbar ist hingegen die Bemessung der Grundbesoldung und die Berücksichtigung der Familie durch höhere Zuschläge. Letzteres würde bei einer im Verhältnis abgesenkten Grundbesoldung bedeuten, dass das „Beamtengehalt" durch Wegfall der Zuschläge sinkt, wenn die Kinder „aus dem Haus" sind und die Ehe oder Lebenspartnerschaft endet.

Die in Bezug genommene Äußerung des Bundesverfassungsgerichts ist im Übrigen ein obiter dictum, das in seinem konkreten Aussagegehalt unklar bleibt. Diese Unklarheit nutzen die Besoldungsgesetzgeber, um den Wechsel oder die Ergänzung des Leitbildes zu rechtfertigen. Die gerichtliche Äußerung erhält dadurch Sinn, dass zum Zeitpunkt der Entscheidung im Jahr 2020 bereits zwei Länder, Brandenburg und Rheinland-Pfalz, die Doppelverdienerehe zum Anlass für Besoldungsänderung genommen hatten. Beide Länder haben daraufhin Änderungen in der Besoldungsstruktur vorgenommen, die – das ist wichtig – im Ergebnis kostenneutral waren. Rheinland-Pfalz hat den Kinderzuschlag zulasten des Verheiratetenzuschlags gestärkt, Brandenburg hat letzteren ganz gestrichen und stattdessen die Grundbesoldung sowie den Familienzuschlag für die ersten beiden Kinder erhöht.[84] Da das Bundesverfassungsgericht Grundsatzentscheidungen,

---

82 Dieser berechtigte Hinweis bei Füßer/Nowak, Anm. 56, S. 452.
83 Auch die Fortentwicklungsklausel des Art. 33 Abs. 5 GG kann nicht rechtfertigend herangezogen werden, weil sie auf das Recht des öffentlichen Dienstes, nicht auf die hergebrachten Grundsätze bezogen ist, siehe oben Seite 12.
84 Vgl. Andreas Becker/ Alexia Tepke, Ausgestaltungen des besoldungsrechtlichen Familienzuschlags im Bund und in den Ländern, Zeitschrift für Beamtenrecht 2016, S. 27 ff.

B. Verfassungsrechtliche Würdigung

wie die Beschlüsse aus dem Jahr 2020 es sind, sehr sorgsam und umfassend vorzubereiten pflegt, ist davon auszugehen, dass es die Entwicklungen in Brandenburg und Rheinland-Pfalz kannte. Da diese nicht Gegenstand der Verfahren waren, spricht weiter alles dafür, dass das obiter dictum ein Hinweis ist, welche Gestaltungsmöglichkeiten der Besoldungsgesetzgeber hat. So ist der zitierten Randnummer sicher nur zu entnehmen, dass die Grundbesoldung allein nicht für den Beamten und die Familie ausreichen muss.[85] Der zentrale und entscheidende Unterschied ist, dass Nordrhein-Westfalen nicht kostenneutral innerhalb der Besoldungsbestandteile umschichten will, sondern fiskalische Effekte erzielen will.[86]

Die Alimentation des Beamten ist eine Pflicht des Dienstherrn, die nicht von dem Verhalten Dritter – auch wenn es sich um Mitglieder der Beamtenfamilie handelt – abhängig ist. „[D]ie angemessene Alimentation muss durch das Beamtengehalt selbst gewahrt werden."[87] Der nordrhein-westfälische Landtag sieht das letztendlich auch so, wie die Existenz des Ergänzungszuschlags in dem beschlossenen Gesetz zeigt: Ist der Beamte Alleinverdiener, wird er – der Beamte (!) – wegen seiner Familie nach den bislang geltenden Standards alimentiert. Es gibt weiterhin keine beamtenrechtliche Pflicht für den Partner eines Beamten zur Aufnahme einer eigenen Erwerbsarbeit.

Die Subjektivierung der Familie des Beamten im Hinblick auf die Berechnung des Mindestabstands seiner Besoldung spricht für eine Verfassungswidrigkeit der Berücksichtigung des Partnereinkommens.

c) Die Pflicht zu amtsangemessener Alimentation des Beamten

aa) Die bisherige Argumentation ist stark auf den numerischen Vergleich der Jahresnettoeinkommen einer Beamtenfamilie und der Vergleichsfamilie

---

85 Vgl. die Stellungnahme der Vereinigung der Verwaltungsrichterinnen und Verwaltungsrichter des Landes Brandenburg vom 31.1.2024 in dem BVerfG-Verfahren 2 BvL 5/18, S. 5, zugänglich unter http://www.bbg-vrv.de/wp-content/uploads/2024/02/Stellungnahme_BbgVRV_2_BvL_5-18_bzw_3-19.pdf.
86 Vgl. die Stellungnahme 18/1743 von Peter Michael Huber vom 5.9.2024 zum Gesetzentwurf, S. 5, wonach die Anhebung der Grundbesoldung aller Beamten des Landes Nordrhein-Westfalen über die 15-Prozent-Schwelle des grundsicherungsrechtlichen Gesamtbedarfs „angesichts des Nivellierungsverbotes höherer Besoldungsgruppen einen kaum kalkulierbaren Finanzbedarf nach sich zöge", wiederholt in der Anhörung des Haushalts- und Finanzausschusses vom 5.9.2024, Apr 18/653, S. 18.
87 BVerfGE 155, 77 (99).

in der sozialrechtlichen Grundsicherung ausgerichtet. Der Bezugspunkt des Nettoeinkommens und die Methode der Vergleichsberechnung bringen das mit sich. Dabei geraten die gegensätzlichen, wertungswidersprüchlichen Rechtsgründe für den Einkommenserwerb aus dem Blick: das Beamtenverhältnis mit der Dienstpflicht des Beamten einerseits und die voraussetzungslose Sozialleistung aus Steuermitteln andererseits. Art. 33 Abs. 5 GG bildet diesen Zusammenhang durch das Mindestabstandsgebot und in der Pflicht des Dienstherrn zu amtsangemessener Alimentation ab.

Durch die Berücksichtigung eines fiktiven Partnereinkommens rechnet das Gesetz – wie alle weiteren Länder mit entsprechenden Modellen – das Jahresnettoeinkommen des Beamten an die Grenze der verfassungsrechtlich gebotenen Mindestbesoldung heran. Dieses Gesamteinkommen wird durch den Dienst des Beamten und die Arbeit seines Partners erzielt. Das Einkommen der Vergleichsfamilie in der Grundsicherung wird vollständig aus Steuermitteln zur Verfügung gestellt. Dessen Rechtsgrund liegt im einfachen Sozialrecht, das wiederum auf dem grundrechtlich abgesicherten Anspruch auf das menschenwürdige Existenzminimum beruht.[88] Die einzige Voraussetzung für die Grundsicherung ist, dass die Anspruchsberechtigten erwerbsfähig sind, das heißt dem Arbeitsmarkt zur Verfügung stehen.

Die Rechtsprechung hat erkannt und ausgesprochen, was offensichtlich ist: Zwischen der Gewährung einer Sozialleistung und der Alimentation eines Beamten besteht ein qualitativer Unterschied. Das eine erfolgt aufgrund der Existenz eines Menschen und des Aufenthalts in Deutschland, das andere ist der Unterhalt für das lebenslange Zurverfügungstellen der Arbeitskraft als aktiver Dienst am Rechtsstaat und für das Gemeinwohl. In den Worten des Bundesverfassungsgerichts:

„[Das Mindestabstandsgebot] besagt, dass bei der Bemessung der Besoldung der qualitative Unterschied zwischen der Grundsicherung, die als staatliche Sozialleistung den Lebensunterhalt von Arbeitsuchenden und ihren Familien sicherstellt, und dem Unterhalt, der erwerbstätigen Beamten und Richtern geschuldet ist, hinreichend deutlich werden muss (vgl. BVerfGE 81, 363 <378>; 99, 300 <321 f.>; 140, 240 <286 f. Rn. 93 f.>)."[89]

---

88 BVerfGE 125, 175 ff., gestützt auf Art. 1 Abs. 1 GG i.V.m. dem Sozialstaatsprinzip des Art. 20 Abs. 1 GG.
89 BVerfGE 155, 1 (24).

B. Verfassungsrechtliche Würdigung

Das vom Landtag Nordrhein-Westfalen beschlossene Gesetz will diesen Maßstab einhalten, die Neuregelung wirkt aber geradezu wie ein gegen Eheleute und Lebenspartner gerichtetes Diskriminierungsprogramm.

Zunächst will der Gesetzgeber das Partnereinkommen lediglich von Ehegatten und Lebenspartnern bei der Besoldungsberechnung berücksichtigen. Eheähnliche Gemeinschaften bleiben außen vor, obwohl die vom Gesetzgeber nach dem neuen „Leitbild" nunmehr bevorzugte wirtschaftliche Betrachtung nach deren Berücksichtigung ruft und auch das Sozialrecht in der Grundsicherung die Bedarfsgemeinschaft (§ 7 SGB II) kennt. Darin liegt eine nach Art. 3 Abs. 1 GG relevante Ungleichbehandlung. Ein anderer Landesgesetzgeber hat die Nichtberücksichtigung eheähnlicher Gemeinschaften für die Besoldungsbemessung damit gerechtfertigt, dass zwischen den Beteiligten keine gesetzlichen Unterhaltsansprüche bestünden. Es ist bereits dargelegt worden, dass der Verweis auf den zivilrechtlichen Unterhaltsanspruch als zirkuläres Argument die Berücksichtigung eines Partnereinkommens nicht trägt.[90]

Sodann lässt das Gesetz die unmittelbare Bindung des Staates an Art. 6 Abs. 1 GG vollkommen außer Betracht: „Ehe und Familie stehen unter dem besonderen Schutz der staatlichen Ordnung." Der einschlägige Verfassungsartikel wird in der nordrhein-westfälischen Gesetzesbegründung nicht einmal erwähnt. Die Neuregelung der Besoldungsberechnung stellt sich so dar, dass Ehegatten und die ihnen gleichgestellten Lebenspartner mit ihrem Erwerbseinkommen dafür herhalten müssen, die Mindestbesoldung des Beamten um einen mittleren vierstelligen Eurobetrag abzusenken. Wären die beteiligten Personen nicht verheiratet, verfügte das doppelverdienende Paar über diesen Nettobetrag zusätzlich. Der Beamte hätte den Anspruch auf Ergänzungszuschlag und der Partner steuerte sein – nichtangerechnetes – Erwerbseinkommen bei.

bb) Es kommen weitere kritische Argumente hinzu, die überwiegend zweckorientiert sind oder der politischen Klugheit entsprechen. Die Anrechnungsregel setzt fraglos einen negativen Anreiz gegenüber dem Partner des Beamten, von eigener Erwerbsarbeit abzusehen.[91] Geht der Partner

---

90 Siehe oben Seite 45 f.
91 Zu der Thematik, aber mit anderer Intention, Füßer/Nowak, Anm. 56, S. 447 ff. Zu dem in diesem Kontext gebrauchten Stichwort „Herdprämie" ist Folgendes anzumerken: Die bloße Existenz des Ergänzungszuschlags vor dem Hintergrund der tatsächlichen Verhältnisse in „Doppelverdienerehe", in denen häufig Männer die Vollzeit- und Frauen eine Teilzeitstelle haben, als „Herdprämie" oder als „geschlechterdiskriminierend" zu titulieren, ist unsachgemäß, so Torsten Schwan, Stellungnahme für

außer Haus arbeiten, hat die Familie jedenfalls bis zum Betrag des Minijob-Jahreseinkommens nicht mehr Geld zur Verfügung, dafür aber die mit einem Doppelverdienerhaushalt verbundene Mehrbelastung im Alltag.

Schließlich sind die Folgen der Neuberechnung für das Ruhegehalt des Beamten in den Blick zu nehmen. Die Grundbesoldung ist der primäre Bezugspunkt für die Berechnung des späteren Ruhegehalts, auch wenn Familienzuschlag und gegebenenfalls Amtszulagen mitberücksichtigt werden. Der Ergänzungszuschlag zum Familienzuschlag gehört – soweit nach der Gesetzbegründung ersichtlich – nicht in diese Kategorien (§ 5 Abs. 1 LBeamtVG NRW). Der Zuschlag wird nicht als ruhegehaltsfähig ausgewiesen und ist nicht mit dem Familienzuschlag im Sinne des § 58 LBeamtVG NRW identisch. Der schriftliche Antrag nach § 71b LBesG-neu ist jährlich zu wiederholen und kann nur von Beamten im aktiven Dienst gestellt werden. Das Heraufrechnen der Mindestbesoldung durch ein fiktives Partnergehalt hat langfristig zur Folge, dass die Beamtenpension von einem zu niedrigen und damit verfassungswidrigen Grundgehalt aus berechnet wird.[92]

cc) Nun ließe sich argumentieren, dass die Existenz des Ergänzungszuschlags (§ 71b LBesG-neu) im Ergebnis denselben Zustand herstellen wird, wie bei einer Familie in der Grundsicherung, zuzüglich der Einhaltung des verfassungsrechtlich gebotenen 15-prozentigen Mindestabstands. Das ist aber eine unzulässig verkürzte Betrachtung, weil bislang – soweit ersichtlich – ein Phänomen bei der Besoldungsgesetzgebung nahezu überhaupt nicht berücksichtigt worden ist: die anrechnungsfreie Hinzuverdienstmöglichkeit in der Grundsicherung.[93]

---

den Bund Deutscher Rechtspfleger zum Entwurf eines Hamburgischen Besoldungsstrukturgesetzes (HH-Drs. 22/12727) vom 12.10.2023, S. 85 ff., S. 103; Füßer/Nowak, ebenda, S. 451. Die Wahlfreiheit des Familienmodells ist von Art. 6 GG geschützt, der Gesetzgeber ist verfassungsrechtlich nicht daran gehindert, eine Besoldungsregelung vorzusehen, die es einem Partner ermöglicht, Vollzeit für die Familie „zu arbeiten".

92 Auf die Folgen für die Versorgung macht aufmerksam der Deutsche Richterbund in seiner ausführlichen Stellungnahme 19/2024 vom 25.9.2024, zu amtsangemessenen Bundesbesoldung und Versorgung im Hinblick auf den Referentenentwurf des Bundes; zugänglich unter https://www.drb.de/filead min/DRB/ pdf/Stellungnahmen/2024/DRB_240925_Stn_Nr_19_GE_zur_Sicherstellung_amtsangemessener_Bundesbesoldung_u._-versorgung_BBVAngG.pdf.

93 Im Verbändebeteiligungsverfahren zur Änderung des Thüringischen Besoldungsgesetzes hat der dbb Thüringen in seiner Stellungnahme darauf hingewiesen, dass der anrechnungsfreie Hinzuverdienst („Bonus für Erwerbstätige") und Einmalleistungen bei der Vergleichsrechnung unberücksichtigt bleiben, Stellungnahme vom 7.2.2024, S. 12 f., die Stellungnahme ist unveröffentlicht.

B. Verfassungsrechtliche Würdigung

Das Sozialrecht der Grundsicherung für Arbeitssuchende erlaubt einen Hinzuverdienst von Leistungsberechtigten, der auf die gewährte Sozialleistung nicht angerechnet wird (§ 11b Abs. 3 SGB II). Die zur Arbeitsaufnahme fördernde Staffelregelung sieht vor, dass bei erwerbsfähigen Leistungsberechtigten, die tatsächlich erwerbstätig sind, von dem monatlichen Einkommen aus Erwerbstätigkeit ein Betrag abzusetzen ist. Dieser Betrag beläuft sich bei einem Minijob (2024: 538,– Euro) – zusammengefasst – auf 189,40 Euro monatlich.[94] Das Einkommen aus einem Minijob ist hier die richtige Bezugsgröße, weil auch das Gesetz diesen als Bezugsgröße für das Partnereinkommen definiert.

Ein mindestens 25-jähriger Leistungsberechtigter aus der Grundsicherung für Arbeitssuchende kann demnach im Jahr 2.272,80 Euro hinzuverdienen, ohne dass die Grundsicherung verringert wird. Da die hier interessierende Bezugsgröße eine vierköpfige Familie mit zwei Erwachsenen und zwei Kindern ist, kann auch der Partner in der Grundsicherung diesen Betrag anrechnungsfrei hinzuverdienen. Die Erwachsenen einer Familie in der Grundsicherung können also insgesamt 4.545,60 Euro jährlich hinzuverdienen, ohne dass sich die leistungslose, steuerfinanzierte Zuwendung aus der Grundsicherung verändert. Von dieser Möglichkeit wird in der Praxis in relevantem Umfang auch Gebrauch gemacht. Die amtliche Arbeitsmarktstatistik weist 20 Prozent der erwerbsfähigen Leistungsberechtigten in der Grundsicherung als erwerbstätig aus (821.000 Menschen). Knapp die Hälfte dieser Personengruppe war ausschließlich geringfügig beschäftigt (356.000 Personen).[95]

Vor diesem Hintergrund stellt sich die neu gestaltete Bemessung der Mindestalimentation eines Beamten und seiner Familie so dar, dass nach dem neuen nordrhein-westfälischen Leitbild einer „Mehrverdiener-Familie" die geringfügige Beschäftigung des Partners pauschalisiert als Regelfall angenommen wird, um das Nettojahreseinkommen der Beamtenfamilie über die 15-Prozent-Schwelle einer Vergleichsfamilie in der Grundsicherung zu rechnen. Dabei ist von Bedeutung, dass der Gesetzgeber für das Besoldungsleitbild auf das tatsächliche Erwerbsverhalten von Familien abstellt, während er bei der Vergleichsfamilie allein die gesetzlichen Sozialan-

---

94 Vgl. die Berechnungsbeispiele in: Bundesagentur für Arbeit, Geldleistungen und Recht SGB II, Merkblatt, Bürgergeld, August 2024, S. 62, zugänglich unter https://www.arbeitsagentur.de/datei/merkblatt-buergergeld_ba043375.pdf.
95 Bundesagentur für Arbeit, Monatsbericht zum Ausbildungs- und Arbeitsmarkt, August 2024, S. 23.

sprüche berücksichtigt – und gerade nicht deren tatsächliches Erwerbsverhalten.

Anders als ein Leistungsberechtigter der Grundsicherung kann der Partner einer Beamtenfamilie nun nicht mehr das Beamtenfamilieneinkommen verbessern, indem er einen Minijob annimmt. Dieser Zuverdienst ist sozusagen besoldungsstatistisch bereits verbraucht. Dem berücksichtigten Partnerjahreseinkommen von 6.456,- Euro können bis zu 4.545,60 Euro zusätzliches Jahreseinkommen der Vergleichsfamilie gegenüber stehen, was in keiner Vergleichsrechnung auftaucht und – das Ergebnis ist offensichtlich[96] – zu einer Verletzung des Mindestabstandsgebots führt.

Vollkommen unberücksichtigt bleiben auch die Einmalzahlungen, auf die ein Mensch in der Grundsicherung für Arbeitssuchende Anspruch hat. Solche einmaligen Leistungen, die als Geld- oder als Sachleistung (Gutscheine), gegebenenfalls als Pauschalbetrag gewährt werden, kommen in Betracht für die Erstausstattung der Wohnung einschließlich Haushaltsgeräten, die Erstausstattung für Bekleidung und Erstausstattung bei Schwangerschaft und Geburt sowie die Anschaffung und Reparaturen von orthopädischen Schuhen, die Reparaturen von therapeutischen Geräten und Ausrüstungen sowie die Miete von therapeutischen Geräten (§ 24 Abs. 3 und 6 SGB II). Diese Ausgabe, ausgenommen möglicherweise über die Beihilfe die dritte Fallgruppe, muss der Beamte aus seiner Besoldung bestreiten.

Noch bedeutsamer indes ist die negative Botschaft des Besoldungsgesetzgebers an die untersten Besoldungsgruppen seines öffentlichen Dienstes: Während das Partnereinkommen voll in die Berechnung des Mindestabstands einbezogen wird, wird dieser Abstand zum leistungslosen Transfereinkommen tatsächlich gar nicht spitz gerechnet. Denn Hinzuverdienste der Vergleichsfamilie bleiben bis zu einem Anteil von 35 Prozent eines Minijob-Jahreseinkommens unberücksichtigt.[97] Die Beamtenfamilie wird im Ergebnis – und trotz Art. 6 Abs. 1 GG – strenger als die weniger voraussetzungsreiche Bedarfsgemeinschaft behandelt.

---

96 Siehe die Thüringer Vergleichsberechnung oben Seite 36.
97 Bei einem Vergleich des Minijob-Partnereinkommens (6.456,- Euro) und zweier anrechnungsfreier Einkommen in der Vergleichsfamilie in der Grundsicherung (2 x 2.272,80 Euro = 4.545,- Euro) sind es sogar 70 Prozent.

d) Besoldungsinternes Abstandsgebot

aa) Der Ergänzungszuschlag zum Familienzuschlag ist schließlich noch aus der Perspektive des besoldungsinternen Abstandsgebots zu betrachten. Das besoldungsinterne Abstandsgebot, das zum vierten Parameter des Prüfungsschemas gehört, ist nach den im Gesetzentwurf dokumentierten Vergleichsberechnungen vordergründig eingehalten. Kein Vergleichspaar weist für den Zeitraum von fünf Jahren eine Verringerung der Besoldungsabstände um mindestens 10 Prozent aus.[98] Die Einhaltung des Parameters wird in der Gesetzesbegründung entsprechend positiv festgestellt.

Der methodische Zugang, mit dem diese Prüffrage beantwortet wird, bedarf allerdings einer kritischen Würdigung. Denn der Bezugspunkt für die Vergleichsberechnung ist jeweils das Grundgehalt der Endstufe laut Besoldungstabelle. Mit der beabsichtigten Berücksichtigung eines fiktiven Partnereinkommens und der Einführung des Ergänzungszuschlags zum Familienzuschlag werden allerdings keine Besoldungen nach Tabellen mehr miteinander verglichen.

Der Ergänzungszuschlag zum Familienzuschlag (§ 71b LBesG-neu) soll ein fehlendes Partnereinkommen kompensieren, um das Niveau der gebotenen Mindestalimentation eines Beamten zu erreichen. Im Vergleich zu einem Beamten mit Familie, dessen Partner ein eigenes Erwerbseinkommen hat, erhält der Ergänzungszuschlagsberechtigte, bei gleicher Kinderzahl, eine deutlich höhere Besoldung von seinem Dienstherrn – nämlich etwa das Jahreseinkommen aus einem „Minijob" (2024: 6.456,- Euro).

Bei Beamten derselben Besoldungsgruppe, die eine Familie mit gleicher Kinderanzahl haben, führt diese Konstruktion nicht nur zu einer Ungleichbehandlung innerhalb desselben Statusamtes. Die zusätzliche finanzielle Aufwendung des Dienstherrn für den zuschlagsberechtigten Beamten ebnet darüber hinaus den Abstand zu höheren Besoldungsgruppen vollständig ein. In dem Tabellensatz 7, der dem Gesetzentwurf beigefügt ist, beträgt beispielsweise der Abstand der Jahresbruttobesoldung 2023 in Nordrhein-Westfalen zwischen den Besoldungsgruppen A6 und A7 von 1.492,- Euro, zwischen den Besoldungsgruppen A7 und A8 3.382,- Euro.[99] Ein zuschlagsberechtigter Beamter der Besoldungsgruppe A6 würde also einen Betrag vom Dienstherrn zusätzlich erhalten, der nahezu an die Besoldung des

---

[98] Vgl. nochmals die Tabellensätze 6 und 7 des Gesetzentwurfs, Seite 29.
[99] Jahresbruttobesoldung NRW 2023 laut Tabellensatz 7 der Gesetzesbegründung, Anm. 2, S. 121: A 6 = 40.635,36; A 7 = 42.127,80; A 8 = 45.509,40; A 9 = 47.784,24 Euro. Die im Text genannte Beträge sind gerundet.

Statusamts der Besoldungsgruppe A 8 heranreicht. Die beabsichtigte Neuregelung greift demnach offensichtlich in die Besoldungssystematik ein, ohne dass der Gesetzgeber den Anspruch erhebt, eine Neueinschätzung der Ämterwertigkeit oder Neustrukturierung des Besoldungsgefüges vorzunehmen – diese wäre, sollte sie beabsichtigt sein, im Übrigen nicht ansatzweise in der Gesetzesbegründung dokumentiert.

bb) Diesem Befund kann nicht entgegengehalten werden, dass § 71b LBesG-neu den Familienzuschlag ergänzt und der Familienzuschlag bei den Vergleichsberechnungen des Abstandsgebots nicht berücksichtigt wird. Der Ergänzungszuschlag kompensiert – das ist bereits herausgearbeitet worden – das unter der Mindestalimentation liegende Grundgehalt des Beamten. Bislang spielt die kategoriale Zuordnung des Zuschlags verfassungsrechtlich keine Rolle, weil die Mindestalimentation des Beamten, in Abgrenzung zur Grundsicherung für Arbeitsuchende, auf das Jahres*netto*einkommen der Beamtenfamilie bezogen ist. Beim besoldungsinternen Abstandsgebot ist Bezugspunkt das Jahres*brutto*einkommen aus dem Grundgehalt; die familienbezogenen Komponenten – also auch der Zuschlag aus § 71b LBesG-neu – bleiben außen vor. Hier zeigt sich, dass der neue Ergänzungszuschlag zum Familienzuschlag eine irreführende Fehlbezeichnung ist. Denn der Ergänzungszuschlag, der ein nicht erzieltes Partnereinkommen kompensiert, soll den angemessenen Lebensstandard des Beamten und seiner Familie gewährleisten. Familienzuschläge haben jedoch eine andere Funktion:

> „Dem Familienzuschlag kommt eine soziale, nämlich ehe- und familienbezogene Ausgleichsfunktion zu. Er tritt zu den leistungsbezogenen Besoldungsbestandteilen hinzu, um diejenigen Mehraufwendungen auszugleichen, die typischerweise durch Ehe und Familie entstehen. Dadurch erfüllt der Gesetzgeber die sich aus dem Alimentationsgrundsatz gemäß Art. 33 Abs. 5 GG ergebende Verpflichtung, die dem Beamten obliegenden Unterhaltspflichten gegenüber Ehegatten und Kindern realitätsgerecht zu berücksichtigen. Zugleich kommt er der durch Art. 6 Abs. 1 GG begründeten Pflicht nach, Ehe und Familie durch geeignete Maßnahmen zu fördern […]."[100]

Der Ergänzungszuschlag aus § 71b LBesG-neu soll gerade nicht gezahlt werden, um die besondere Belastung durch Kindererziehung oder *Mehr*be-

---

[100] BVerwG, Beschl. v. 24.9.2013, 2 C 52.11, Rn. 11 (Nachweise weggelassen); vgl. auch BVerfGE 131, 239 (262).

B. Verfassungsrechtliche Würdigung

darfe aus Ehe und Partnerschaft auszugleichen. Dieser soll gezahlt werden, um die *Mindest*alimentation des Beamten tatsächlich sicherzustellen. Das macht es geradezu zwingend, den Ergänzungszuschlag in die Vergleichsberechnungen des Abstandsgebots einzubeziehen.[101] Der Besoldungsgesetzgeber will hier davon profitieren, dass das Bundesverfassungsgericht die einzelnen Komponenten der Vergleichsberechnung (noch) nicht exakt definiert hat. Nach Sinn und Zweck des Abstandsgebots müsste der Ergänzungszuschlag jedoch berücksichtigt werden, weil andernfalls der normative Zweck des Abstandsgebots leerliefe.

Der vom nordrhein-westfälischen Besoldungsgesetzgeber gesetzte Bezugspunkt für die Besoldungsstaffelung ist auch in dieser Hinsicht fehlerhaft. Das Bundesverfassungsgericht hat deutlich die Rechtsfolge für solch einen Fehler formuliert:

„Das für das Verhältnis zwischen den Besoldungsgruppen geltende Abstandsgebot zwingt den Gesetzgeber dazu, bei der Ausgestaltung der Besoldung ein Gesamtkonzept zu verfolgen, das die Besoldungsgruppen und Besoldungsordnungen zueinander in Verhältnis setzt und abhängig voneinander aufbaut. Erweist sich die Grundlage dieses Gesamtkonzepts als verfassungswidrig, weil für die untersten Besoldungsgruppen die Anforderungen des Mindestabstandsgebots missachtet wurden, wird der Ausgangspunkt für die darauf aufbauende Stufung in Frage gestellt. Der Besoldungsgesetzgeber ist danach gehalten, eine neue konsistente Besoldungssystematik mit einem anderen Ausgangspunkt zu bestimmen."[102]

e) Zwischenergebnis

Es wird insgesamt deutlich, dass der nordrhein-westfälische Besoldungsgesetzgeber, der in seiner Gesetzesbegründung leider keine detaillierte Vergleichsrechnung zwischen den Nettojahreseinkommen der Beamtenfamilie und der Vergleichsfamilie vorlegt und die Vergleichsberechnung für das Abstandsgebot allein auf das Jahresgrundgehalt begrenzt, seine Pflicht zur amtsangemessenen Alimentation *des Beamten* verletzt und insgesamt ein unzureichendes Konstrukt der Besoldungsbemessung vorgelegt hat.

---

101 Vgl. Stellungnahme des Deutschen Richterbundes, Anm. 92, S. 10 f., zum Referentenentwurf des Bundes.
102 BVerfGE 155, 1 (25).

2. Antragserfordernis und Glaubhaftmachung

Der Alimentationsanspruch eines Beamten folgt ipso iure aus dem Statusverhältnis des Beamten. Seine Grundlage ist das Besoldungsgesetz; liegen die gesetzlichen Voraussetzungen vor, ist die spezifisch ermittelte Besoldung zu gewähren. Die Besoldung muss dem Beamten ohne Antrag überwiesen werden.

Das nordrhein-westfälische Gesetz sieht hingegen vor, dass der Ergänzungszuschlag zum Familienzuschlag (§ 71b LBesG-neu) vom Beamten schriftlich beantragt werden muss und weitere Voraussetzungen zu erfüllen sind. Das Antragserfordernis widerspricht nicht nur der Besoldungsgewährung von Amts wegen. Sie bedeutet auch eine zusätzliche Belastung und kann die Wahlfreiheit des Beamten und seines Partners im Hinblick auf das bevorzugte Familienmodell beeinträchtigen.

a) Einkommensnachweis und Risikoverlagerung

Die Gewährung des neuen Ergänzungszuschlags setzt einen schriftlichen Antrag des Beamten voraus, der jährlich zu wiederholen ist, das heißt der Zuschlag wird befristet für das Kalenderjahr der Antragstellung gewährt (§ 71b Abs. 4 Satz 2 LBesG-neu). Der Beamte hat die Pflicht, die Existenz und Höhe des Partnereinkommens nachzuweisen und, wenn das nicht möglich ist, zumindest glaubhaft zu machen. Die glaubhaft gemachten Tatsachen müssen spätestens im übernächsten Kalenderjahr nachgewiesen werden. Andernfalls droht die Rückforderung des nur unter Vorbehalt gewährten Zuschlags.

Aus diesem Verfahrensrahmen ergeben sich bereits bei einem flüchtigen Blick verfassungsrechtliche Probleme. Da der Ergänzungszuschlag die *Mindest*alimentation des Beamten herstellt, wird dieser regelmäßig für die Lebensführung der Beamtenfamilie benötigt und – untechnisch ausgedrückt – im Alltag verbraucht. Es geht in den hier diskutierten Konstellationen um die unteren Besoldungsgruppen insbesondere der Besoldungsgruppe A, deren Gesamtbesoldung sich in der Nähe der menschenrechtlich garantierten Grundsicherung bewegt. Dieser Umstand wird eine Rückforderung nicht nur tatsächlich erschweren; aus Sicht des Beamten und seiner Familie steht die Verwendung eines gewichtigen Teils der Mindestalimentation unter einem Rückforderungsvorbehalt des Dienstherrn. Dieser wird in der Praxis nahezu immer bestehen, weil der Nachweis einer Partnererwerbstätigkeit

B. Verfassungsrechtliche Würdigung

und des bezogenen Gehalts für das laufende Kalenderjahr nicht so einfach zu erbringen ist. Erfahrungsgemäß wird ein solcher Nachweis durch Vorlage der Lohnsteuerbescheinigung des Arbeitgebers erbracht, die oft erst mit mehrmonatiger Verzögerung im Folgejahr der Beschäftigung ausgestellt wird. Bei selbstständiger Tätigkeit mit schwankendem Monatseinkommen wird sich das Jahreseinkommen überhaupt nur nachträglich feststellen lassen.

Mehr noch, es wird sich überhaupt erst mit Ablauf des Kalenderjahres feststellen lassen, ob und in welchem Umfang die im zurückliegenden Jahr gewährte Besoldung den verfassungsgerichtlichen Anforderungen entsprach. Der Antrag auf Ergänzungszuschlag wird von einem Beamten jedoch erwartungsgemäß zu Jahresanfang gestellt werden und rasch beschieden werden müssen. Es geht schließlich um den Bezug der Mindestalimentation. Das Partnereinkommen wird also stets nur auf den Erfahrungen der Vorjahre und der Glaubhaftmachung seitens des Beamten berücksichtigt werden können – die Zahlung des Ergänzungsvorschlags wird im Regelfall also unter Rückforderungsvorbehalt gestellt werden.

Die dadurch bewirkte Risikoverlagerung zu Lasten des Beamten wird offensichtlich, wenn der Beamte die Nichtbeschäftigung seines Partners „nachweisen" oder glaubhaft machen muss. Dies wird nur durch eine Versicherung an Eides statt (§ 294 ZPO; § 284 Abs. 2 AO) rechtssicher gelingen – je nach Verlangen der Zuwendungsstelle des Dienstherrn.[103] Da Ehegatten und Lebenspartner, rechtlich betrachtet, aber gar keinen Anspruch auf wechselseitige Offenlegung der Einkommen haben, ihre Einkommen und Vermögen im Fall der Gütergemeinschaft sogar komplett trennen können, muss der Beamte unter Umständen etwas glaubhaft machen, was er selbst gar nicht weiß. Eine falsche Versicherung an Eides statt ist strafbewehrt (§ 156 StGB), so dass dem Beamten – im ungünstigen Fall – noch ein Disziplinarverfahren droht.

Das geschilderte Risiko kann der Beamte nicht dadurch minimieren, dass er für das zurückliegende Kalenderjahr, für das der Ergänzungszuschlag rechtssicher berechnet werden kann, einen Antrag stellt. Denn das Antragserfordernis für sich ist eine manifestes Verfassungsproblem. Der Beamte muss, um die verfassungsmäßige Besoldung zu erhalten, einen schriftlichen Antrag für das laufende Kalenderjahr stellen. Unterbleibt der Antrag, wird der Ergänzungszuschlag nicht bezahlt.

---

103 Die Versicherung an Eides statt ist in Thüringen ausdrücklich vorgesehen, § 39a Abs. 3 ThürBesG.

All dies geschieht, damit ein Beamter die ihm verfassungsrechtlich zustehende Mindestalimentation erhält.

b) Verzichtsverbot

Ein Bestandteil des Alimentationsprinzips ist das Verbot eines Besoldungsverzichts. Alle Besoldungsgesetze kennen dieses Verbot, das einem Beamten und gleichgestellten Amtspersonen die Möglichkeit nimmt, „auf die ihm gesetzlich zustehende Besoldung weder ganz noch teilweise [zu] verzichten" (§ 2 Abs. 3 BBesG).[104] Sinn und Zweck des Verzichtsverbots ist zum einen der Schutz des Leistungsprinzips bei Einstellungen und zum anderen die gesetzestreue und gemeinwohlorientierte Amtsführung des Beamten.[105] Nur ein tatsächlich angemessen besoldeter Beamter bietet dafür Gewähr.

Stellt der Beamte keinen Antrag auf Ergänzungszuschlag, erhält er möglicherweise eine verfassungswidrige, weil nicht amtsangemessene (Mindest)Besoldung. Der Beamte muss also von sich aus prüfen, ob er die Voraussetzungen für den Ergänzungszuschlag erfüllt – die Besoldung wird, wie das in einer Stellungnahme zum Gesetzentwurf treffend genannt wurde, zur „Holschuld".[106] Sie nähert sich optisch und rechtlich der Gewährung einer Sozialleistung an.[107] Die Berechnung der Besoldung ist selbst für Beamte des höheren Dienstes eine Herausforderung.[108] Sicherlich kann der Beamte nach § 71b Abs. 4 LBesG-neu auch vorsorglich einen Antrag auf den Ergänzungszuschlag stellen und die Voraussetzungen von Amts wegen

---

104 § 2 Abs. 2 LBesG-NRW lautet: „Auf die gesetzlich zustehende Besoldung mit Ausnahme der vermögenswirksamen Leistungen kann weder ganz noch teilweise verzichtet werden."
105 Josef Franz Lindner, „Zeit für Geld" – auch im Beamtenrecht?, Zeitschrift für Beamtenrecht 2020, S. 372 ff.
106 DGB-Bezirk NRW, Stellungnahme für die Ausschussanhörung vom 28.8.2024, LT-Drucks. 18/1696, S. 3.
107 Vgl. in diesem Zusammenhang aber die von der Bundesregierung dem Grunde nach beschlossene Einführung einer Kindergrundsicherung, die von der zuständigen Bundesfamilienministerin unter anderem mit diesem zivilrechtlichen Bild kommentiert wurde: „Es gebe nun mit der „Bringschuld" des Staates – statt einer „Holschuld" der Familien – einen „Paradigmenwechsel", Bundesregierung, Mitteilung vom 28.8.2023, zugänglich unter https://www.bundesregierung.de/breg-de/aktuelles/kindergrundsicherung-2216540.
108 VG Darmstadt, Urteil vom 24.11.2006 – 5 E 2168/05 (3), Rn. 70, juris: „Mit dieser Intention ist es schwerlich vereinbar, neue Hürden durch die Einführung eines Antragsvorbehalts zu schaffen. Es ist angesichts der vorstehenden Ausführungen offenkundig, dass es auch einem Beamten des höheren Dienstes schwer fällt, die

B. Verfassungsrechtliche Würdigung

prüfen lassen. Unterbleibt jedoch der Antrag, aus welchen Motiven heraus auch immer (Unkenntnis, Scham, Irrtum), erhält ein anspruchsberechtigter Beamter eine verfassungswidrige Besoldung. Im Ergebnis bedeutet dies einen gesetzlich untersagten Besoldungsverzicht.

Gegen dieses Argument kann nicht eingewandt werden, dass das Verzichtsverbot bei einem Antragserfordernis nicht gelte, weil das Verbot einen Anspruch voraussetze.[109] Der Anspruch des unteralimentierten Beamten entsteht nicht erst durch den antragsgemäßen Bescheid des Dienstherrn. Der Anspruch entsteht verfassungsunmittelbar aus Art. 33 Abs. 5 GG und dem Alimentationsprinzip – was der Landesgesetzgeber ja auch nicht in Frage stellen will. Er will die Mindestalimentation „lediglich" prozeduralisieren. Gleichwohl verwendet das nordrhein-westfälische Gesetz den Begriff „Antrag", den andere Landesregelungen – vermutlich aus ebenjenem verfassungsrechtlichen Grund – sorgsam vermieden haben. Einzelne Länder (Berlin, Niedersachsen, Schleswig-Holstein) verhalten sich zu dem Antragserfordernis nicht. Hamburg verlangt eine „schriftliche Anzeige" der Voraussetzungen des Besoldungsergänzungszuschlags. Mecklenburg-Vorpommern bezeichnet den Beamten als „Berechtigten", Brandenburg als „Anspruchsberechtigten, jeweils ohne weitere Ausführungen zum Verfahren.

Die Risikoverlagerung als Regelfall und die Notwendigkeit eines schriftlichen Antrags für die Gewährung des Ergänzungszuschlags, die die Mindestbeamtenbesoldung im Gesamtbild der Sozialleistung stark annähern, machen § 71b LBesG-neu wegen eines Verstoßes gegen Art. 33 Abs. 5 GG mit sehr hoher Wahrscheinlichkeit verfassungswidrig.

3. Einseitiger Wechsel des Familienbildes?

Der im Sachbericht näher ausgeführte deutschlandweite Vergleich der Strukturänderungen im Besoldungsrecht hat gezeigt, dass es zwar eine Mehrheitslösung, aber keine einheitliche Linie von Bund und Ländern gibt. Vier Länder (Hessen, das Saarland, Sachsen und Sachsen-Anhalt) haben die bisherige Besoldungsbemessung am Maßstab der vierköpfigen Beamtenfamilie mit einem Alleinverdiener unverändert gelassen. Andere

---

verfassungsgemäße Besoldung selbst zu errechnen, um daraus die erforderlichen Schlüsse zu ziehen."

109 So das knappe Argument bei Andreas Reich, in: ders./Ulrike Preißler, Bundesbesoldungsgesetz, 2. Aufl., § 2 Rn. 36.

Länder haben eine Strukturänderung vorgenommen, ohne ausdrücklich ein neues „Leitbild" einzuführen (Brandenburg, Thüringen wie auch die Planung des Bundes). Die Mehrzahl der Länder hat die Besoldungsbemessung nunmehr an einem Leitbild der Doppel- oder Mehrverdiener-Familie oder des Familieneinkommens ausgerichtet. Das Leitbild ist die Grundlage für die typisierte Berechnung der Mindestbesoldung, das heißt eines Jahresnettoeinkommens, mit dem ein Beamter und seine Familie auskommen müssen.

Es ist bereits erwähnt worden, dass die in vielen Gesetzesbegründungen zitierte Äußerung des Bundesverfassungsgerichts zum Gestaltungsspielraum der Besoldungsgesetzgeber falsch in Bezug genommen, wenn nicht sogar bewusst fehlinterpretiert worden ist. Das Bundesverfassungsgericht hat in der Entscheidung im 155. Band *nicht* einen Leitbildwechsel im Sinn einer Abkehr von der Alimentation der Beamtenfamilie zugelassen. Es hat vielmehr auf die Möglichkeit hingewiesen, die Modalitäten der Alimentation, etwa durch eine Begrenzung der Grundbesoldung und Stärkung der Familienzuschläge zu verändern.[110] Die Entscheidungsgründe des Bundesverfassungsgerichts lassen keinen Zweifel daran, dass die Alimentation des Beamten und seiner Familie, typisiert als vierköpfige Beamtenfamilie, weiterhin verfassungsrechtlich geboten ist. Dem Besoldungsanpassungsgesetz aus Nordrhein-Westfalen liegt dieses Vorverständnis auch zugrunde, sieht es doch einen Ergänzungszuschlag für Beamtenfamilien vor – ein verfassungsrechtliches Problem haben in dieser Hinsicht solche Modelle, die ein fiktives Partnereinkommen ohne Kompensationsmöglichkeit vorsehen (diese sind aber nicht Gegenstand des Gutachtens).

Der interföderale Vergleich der Änderungen des Besoldungsrechts zeigt, dass die Entscheidungen des Bundesverfassungsgerichts aus dem Jahr 2020 von den Länderexekutiven unter fiskalischen Gesichtspunkten gemeinschaftlich ausgewertet und eine einheitliche Interpretationslinie gesucht worden ist. Dieses ist mehrheitlich auch gelungen, allerdings haben einzelne Länder sich für die Beibehaltung der bisherigen Strukturen entschieden und stattdessen die Besoldungshöhen angepasst. Das wirft die verfassungsrechtliche Frage auf, ob die nunmehr zu verzeichnende Differenzierung möglicherweise einen Verstoß gegen föderale Kooperationspflichten bedeutet. Sind Bund und Länder verpflichtet, zumindest bei dem Leitbild der Bemessungsgrundlage einen gemeinsamen Bezugspunkt zu finden?

---

110 Siehe noch einmal oben Seite 23 f., dort mit Zitat aus BVerfGE 155, 1 ff.

B. Verfassungsrechtliche Würdigung

Die Verfassungsräume von Bund und Ländern und die der Länder untereinander sind grundsätzlich getrennt. Für eine spezifische Kooperation bedarf es einer Regelung im Grundgesetz, wie die in den 2000er Jahren neu in das Grundgesetz eingefügten Kooperationskompetenzen (Art. 91a bis 91e GG) exemplarisch zeigen.

Darüber hinaus ist zu berücksichtigen, dass der verfassungsändernde Gesetzgeber das Einwirken des Bundes auf die Besoldung des öffentlichen Dienstes der Länder gezielt unterbunden hat. Mit der Föderalismusreform ist die konkurrierende Kompetenz des Bundes gestrichen worden, so dass die Regelvermutung zugunsten der Länder (Art. 70 GG) wieder greift.

Es ist schließlich zweifelhaft, was mit einer besoldungsbezogenen föderalen Kooperationspflicht zusätzlich erreicht werden könnte. Bund und Länder sind über Art. 33 Abs. 5 GG und die hergebrachten Grundsätze des Berufsbeamtentums an einen gemeinsamen verfassungsrechtlichen Maßstab gebunden. Die hier vielfach zitierte Rechtsprechung des Bundesverfassungsgerichts ist geradezu Ausdruck dieses gemeinsamen Bezugspunkts. Entscheidend ist, dass die Länder und der Bund im Ergebnis ihre Beamten angemessen alimentieren. Auf welchem Weg das geschieht, mit welchen Instrumenten gearbeitet wird, steht im Gestaltungsspielraum der jeweiligen Gesetzgeber. In diesem Zusammenhang steht auch außer Frage, wie erwähnt, dass die Alimentationspflicht auf den Beamten und seine Familie bezogen ist. Ob die divergierenden Bemessungsmethoden diesem Maßstab genügen, muss am Maßstab der Besoldungsrechtsprechung zunächst von den Fachgerichten und letztendlich vom Bundesverfassungsgericht beantwortet werden.

Das Gesetz aus Nordrhein-Westfalens wendet sich ausweislich der Begründung dem Leitbild einer Mehrverdiener-Familie zu. Dieser Schritt führt zur Berücksichtigung eines Minijob-Jahreseinkommens im Rahmen des Jahresnettoeinkommens einer Beamtenfamilie. Die Existenz eines Ergänzungszuschlags zum Familienzuschlag (§ 71b LBesG-neu) belegt aber, dass der Landesgesetzgeber nicht bereit ist, die Konsequenz aus dem „Leitbildwechsel" zu ziehen. Die verfassungsrechtliche Problematik verlagert sich in die prozeduralisierte Anspruchsberechtigung des Beamten.

4. Stufenprüfung am Maßstab des Art. 33 Abs. 5 GG

In der Gesamtschau ist das Teilergebnis der ersten Prüfungsstufe in das dreistufige Prüfungsschema einzustellen und abschließend auf die Fragen nach der Verfassungsmäßigkeit des nordrhein-westfälischen Gesetzes zu antworten.

a) Verfassungsrechtliche Monita auf der ersten Stufe

Maßstab für die Prüfung ist Art. 33 Abs. 5 GG in der konkretisierenden Besoldungsrechtsrechtsprechung des Bundesverfassungsgerichts. Die Rechtsprechung hat ein dreistufiges Prüfungsschema vorgegeben, das die Besoldungsgesetzgeber als Prüfraster zu beachten haben.

Im Rahmen des ersten Prüfungsschritts ist hier der vierte Parameter näher geprüft worden, wonach die Beachtung des Mindestabstandsgebots zur Grundsicherung für Arbeitssuchende eine indizielle Bedeutung für die Verfassungsmäßigkeit der Besoldung hat.

Das vorliegende Gesetz gibt in seiner Begründung an, dass dieser Parameter – wie alle weiteren – eingehalten wurde. Der Gesetzentwurf verzichtet allerdings darauf, detaillierte Vergleichstabellen vorzulegen, die das Jahresnettoeinkommen einer vierköpfigen Beamtenfamilie der Grundsicherung einer vierköpfigen Vergleichsfamilie gegenüberstellen.[111]

Durch die Berücksichtigung eines Minijob-Jahreseinkommens als Partnereinkommen erreicht die im enthaltene Regelung ein Besoldungsniveau, das das 15-Prozent-Kriterium grundsätzlich einhält.

Die Möglichkeit der Beantragung eines Ergänzungszuschlags zum Familienzuschlag (§ 71b LBesG-neu) kompensiert die vorgesehene, zu geringe Besoldung für den Fall, dass der Partner des Beamten keiner Erwerbsarbeit nachgeht und das entsprechende Nettoeinkommen tatsächlich nicht vorhanden ist oder darunter liegt.

Allerdings muss der Beamte den Ergänzungszuschlag beantragen und das Partnereinkommen glaubhaft machen. Dadurch wird die Eigenschaft des Ergänzungszuschlags als Bestandteil der durch Gesetz bestimmten Alimentation *des Beamten* in Frage gestellt. Zudem wird dem Beamten ein erhebliches Risiko der Rückforderung auferlegt und er trägt die Gefahr der Unteralimentation, sollte er die Verfahrensvoraussetzungen, besonders die Nachweispflicht nicht einhalten. Mehr noch, das Antragserfordernis für den Ergänzungszuschlag für sich widerspricht dem Alimentationsprinzip, wonach der Beamte einen gesetzlich definierten Anspruch auf Besoldung

---

111 Die Gesetzesmaterialien aus anderen Ländern enthalten entsprechende Gegenüberstellungen, vgl. noch einmal oben Seiten 31 und 36.

B. Verfassungsrechtliche Würdigung

hat. Die nähere prozedurale Ausgestaltung des Ergänzungszuschlags führt im Ergebnis zu einem Verstoß gegen das im Alimentationsprinzip rückgebundene Verzichtsverbot. Es lässt sich deshalb der Standpunkt sehr gut vertreten, dass das von Art. 33 Abs. 5 GG gewährleistete Mindestabstandsgebot nicht eingehalten ist, weil die *dem Beamten im Rahmen der Alimentation* gewährten, antragslosen Zuwendungen unter der gebotenen Einkommensschwelle liegen.

Auch im Fall der Gewährung eines Ergänzungszuschlags steht die Einhaltung des verfassungsrechtlichen Mindestabstands in Frage. Denn das Gesetz hat das Problem der Hinzuverdienstregelung in der Grundsicherung für Arbeitsuchende unberücksichtigt gelassen. Die im Sozialgesetzbuch Teil II definierten Hinzuverdienstschwellen für die Grundsicherung ermöglichen ein anrechnungsloses Einkommen von bis zu 70 Prozent eines Minijob-Jahreseinkommens. Ein ebensolches Minijob-Jahreseinkommen wird typisiert als Partnereinkommen vom Gesetzgeber herangezogen, die Mindestalimentation zu bemessen, allerdings ohne dass es entsprechende Hinzuverdienstschwellen bei der von Art. 6 Abs. 1 GG geschützten Beamtenfamilie gibt. Unberücksichtigt bleiben ferne einmalige Leistungen an Grundsicherungsberechtigte, die der Beamte aus seiner Besoldung bestreiten muss.

Darin liegt ein erheblicher Wertungswiderspruch, handelt es sich bei der Besoldung um die Zuwendung aus dem Dienstverhältnis, also untechnisch um eine „Gegenleistung", während die Grundsicherung leistungslos aus Steuermitteln gewährt wird. Eine solche Regelung ist geeignet, das Ansehen des Amtes in der Gesellschaft"[112] zu beschädigen und wird dem qualitativen Unterschied von Besoldung und Sozialleistung nicht gerecht.

Durch die Nichtberücksichtigung dieser Thematik in der Gesetzes*begründung* verletzt der Gesetzgeber die verfassungsrechtlich gebotenen prozeduralen Anforderungen an die Einhaltung des Alimentationsprinzips aus Art. 33 Abs. 5 GG. Die Gesetzesbegründung lässt in dieser Hinsicht nicht erkennen, dass der nordrhein-westfälische Gesetzgeber sich hinreichend über die angezeigte Fortschreibung der Besoldungsgesetzgebung vergewissert hat.[113]

---

112 BVerfGE 155, 1 (41).
113 Torsten Schwan, Betrachtungen zur Stellungnahme des ehemaligen Richters am Bundesverfassungsgericht Prof. Dr. Peter M. Huber während der Anhörung im aktuellen nordrhein-westfälischen Gesetzgebungsverfahren, Manuskript vom 23.9.2024, S. 18 f.

Darüber hinaus verletzt das Gesetz das besoldungsinterne Abstandsgebot, weil die in der Begründung dokumentierten Vergleichsberechnungen lediglich das Jahresgrundgehalt der Besoldungsgruppen und -ordnungen, nicht aber die familienbezogenen Besoldungsbestandteile berücksichtigen. Da der Ergänzungszuschlag zum Familienzuschlag nur dem Namen nach ein familienbezogener Besoldungsbestandteil ist, in Wirklichkeit jedoch den amtsangemessenen Lebensstandard des Beamten und seiner Familie gewährleisten soll, ist dieser bei der Vergleichsberechnung zu berücksichtigen. Bereits ein überschlägiger Vergleich zeigt, dass die finanzielle Kompensation eines *nicht*-erzielten Partnereinkommens das Abstandsgebot zwischen den Besoldungsgruppen und damit die Besoldungssystematik verletzt. Eine vom Landesgesetzgeber möglicherweise beabsichtigte Neueinschätzung der Ämterwertigkeit und der Neustrukturierung des Besoldungsgefüges ist noch nicht einmal ansatzweise in den Gesetzesmaterialien dokumentiert, was für sich bereits ein Verfassungsverstoß begründet.

b) Weitere Stufen

Bei einer Verletzung des vierten Parameters der ersten Prüfungsstufe ist indiziell von einer Verletzung des Alimentationsprinzips auszugehen. Dieses Zwischenergebnis ist auf der zweiten Prüfungsstufe mit weiteren alimentationsrelevanten Kriterien in einer Gesamtabwägung zusammenzuführen. Nach der Rechtsprechung spielen Qualifikationsvoraussetzungen und das Ansehen der betroffenen Statusämter und die von den Amtsträgern getragene Verantwortung sowie deren Bedeutung für den öffentlichen Dienst eine zentrale Rolle.

Auch in diesem Kontext wird die Abgrenzung zwischen dem pflichtgemäßen Dienst für den Staat und der voraussetzungslosen Sozialleistung tragend. Besonders die unteren Besoldungsgruppen, die von einer Unteralimentation stärker praktisch betroffen sind, können nur mit qualifizierten Bewerbern besetzt werden, wenn Bund und Ländern der Dienst für die öffentliche Hand spürbar mehr wert ist als der grundrechtlich fundierte Anspruch von Einwohnern auf Sozialleistung.

Die dritte Prüfungsstufe fragt nach einer ausnahmsweisen Rechtfertigung der Unteralimentation aus anderen verfassungsrechtlichen Wertentscheidungen. Dabei ist wichtig, dass fiskalische Erwägungen – die vorliegend eine überragende, wenn auch unbenannte Bedeutung haben – keine

B. Verfassungsrechtliche Würdigung

„ausreichende Legitimation für eine Kürzung der Besoldung" sind. Der Gesetzgeber hat keine Haushaltsnotlage formell erklärt oder vergleichbare haushaltspolitische Schritte unternommen, die hier berücksichtigt werden müssten.[114]

Das Gesetz des Landtags Nordrhein-Westfalen zur Änderung der Besoldung und Versorgung entspricht deshalb mit sehr hoher Wahrscheinlichkeit nicht dem verfassungsrechtlichen Maßstab aus Art. 33 Abs. 5 GG.

---

114 BVerfGE 155, 1 (45 f.).

C. Ergebnis

Die Heranziehung eines „Partnereinkommens", wie vom Landtag in seinem Anpassungsgesetz vom 10. Oktober 2024 beschlossen (LT-Drucks. 18/9514; Vorabdruck 18/61), steht nicht im Einklang mit Art. 33 Abs. 5 des Grundgesetzes. Das Gesetz widerspricht zwei hergebrachten Grundsätzen des Berufsbeamtentums: den materiellen und prozeduralen Anforderungen des Alimentationsprinzips und dem Abstandsgebot.

Es ist verfassungsrechtlich unzulässig, eine das Mindestabstandsgebot zum grundsicherungsrechtlichen Gesamtbedarf wahrende Besoldung von einem Antragserfordernis abhängig zu machen. Der Dienstherr ist zur Besoldung von Amts wegen verpflichtet. Der Anspruch auf amtsangemessene Alimentation entsteht ipso iure aus dem gesetzlich definierten Statusverhältnis.

Der Ergänzungszuschlag zum Familienzuschlag, der für den Fall eines nicht-erzielten Partnereinkommens eine amtsangemessene Besoldung der Beamtenfamilie gewährleisten will, verletzt das besoldungsinterne Abstandsgebot.

Das Gesetz ist insgesamt verfassungswidrig. Das der verfassungsrechtlichen Würdigung des Gesetzes vorausliegende Strukturproblem ist die – vom Bund bestimmte – mittlerweile erhebliche Höhe der sozialrechtlichen Grundsicherung. Diese bestimmt über das Mindestabstandsgebot unmittelbar die Höhe der amtsangemessenen Alimentation niedriger Besoldungsgruppen und setzt damit den Bezugspunkt für die höheren Statusämter. Aufgrund des Abstandsgebots und dem steigenden Gehaltsniveau wird ein Volumeneffekt für die Haushalte der Länder bewirkt. Dieser Effekt verlangt aus haushälterischer Sicht nach einer Dämpfung der fiskalischen Folgen einer amtsangemessenen Alimentation. Solange sich das Land Nordrhein-Westfalen nicht in einer fiskalischen Ausnahmesituation befindet, ist dieses Bemühen, Ausgaben zu sparen, nach der Rechtsprechung des Bundesverfassungsgerichts nicht als ausreichende Legitimation für eine Kürzung der Besoldung anzusehen.

D. Literaturverzeichnis

Becker, Andreas/Tepke, Alexia, Besoldungs-Föderalismus statt einheitlichem Besoldungsrecht – eine aktuelle Bestandsaufnahme, Zeitschrift für Beamtenrecht 2011, S. 325–333.

Becker, Andreas/Tepke, Alexia, Ausgestaltungen des besoldungsrechtlichen Familienzuschlags im Bund und in den Ländern, Zeitschrift für Beamtenrecht 2016, S. 27–31.

Di Fabio, Udo, Das beamtenrechtliche Streikverbot, München 2012.

Färber, Gisela, Quo vadis Alimentationsprinzip?, Zeitschrift für Beamtenrecht 2023, S. 73–85.

Füßer, Klaus/Nowak, Katharina, Die Alimentation der Beamtenfamilie: Pflicht oder Mythos?, Neue Zeitschrift für Verwaltungsrecht 2018, S. 447–453.

Leisner-Egensperger, Anna, Familienalimentation als Freiheitssicherung, Neue Zeitschrift für Verwaltungsrecht 2019, S. 777–780.

Leppek, Sabine, Status des Einzelnen im Beamtenrecht (§ 106), in: Ludwigs/Kahl (Hg.), Handbuch des Verwaltungsrechts, Bd. IV, Heidelberg 2022.

Lindner, Josef Franz, Gibt es ein besoldungsrechtliches Homogenitätsprinzip?, Die öffentliche Verwaltung 2015, S. 1025–1031.

Lindner, Josef Franz, „Zeit für Geld" – auch im Beamtenrecht?, Zeitschrift für Beamtenrecht 2020, S. 372–376.

Reich, Andreas/Preißler, Ulrike, Bundesbesoldungsgesetz, 2. Aufl., München 2022.

Rodermond, Lutz, Hat die Einverdienstehe ausgedient?, Die öffentliche Verwaltung 2023, S. 801–810.

Schübel-Pfister, Isabel, Koordinatensystem für die Richter- und Beamtenbesoldung, Neue Juristische Wochenschrift 2015, S. 1920–1922.

Summer, Rudolf/Rometsch, Gerd, Alimentationsprinzip gestern und heute, Zeitschrift für Beamtenrecht 1981, S. 1–20.

Schwan, Torsten, Das Alimentationsniveau der Besoldungsordnung A 2008 bis 2020 – eine „teilweise drastische Abkopplung der Besoldung" als dauerhafte Wirklichkeit?, Die öffentliche Verwaltung 2022, S. 198–210.

Schwan, Torsten, Stellungnahme für den Bund Deutscher Rechtspfleger zum Entwurf eines Hamburgischen Besoldungsstrukturgesetzes (HH-Drs. 22/12727) vom 12.10.2023.

Schwan, Torsten, Betrachtungen zur Stellungnahme des ehemaligen Richters am Bundesverfassungsgericht Prof. Dr. Peter M. Huber während der Anhörung im aktuellen nordrhein-westfälischen Gesetzgebungsverfahren, Manuskript vom 23.9.2024.

Stuttmann, Martin, Zeitenwende – Die Bestimmung der Minimalbesoldung nach dem BVerfG, Neue Zeitschrift für Verwaltungsrecht 2015, S. 1007–1014.

Stuttmann, Martin Die Besoldungsrevolution des BVerfG, Neue Zeitschrift für Verwaltungsrecht, Beilage 2020, S. 83-89.

D. Literaturverzeichnis

Thiemer, Beate, Das Alimentationsprinzip, Berlin 1992.

Voßkuhle, Andreas/ Kaiser, Anna-Bettina, § 41 Personal, in: Voßkuhle/Eifert/Möllers (Hg.), Grundlagen des Verwaltungsrechts, 3. Aufl., Bd. II, München 2022.

	Bund	BW	BY	BE	BB	BR	HH	HE	MV
Partnereinkommen berücks.	Ja (geplant)	Ja (geplant)	Ja	Ja (geplant), für A5-A10; Halbierung des FamilienZ	Ja	Ja	ja	Nein	Ja
fiktiv	Minijob	mehr als 6.000,–	20.000,–						
real				50 % sozialver. Arbeit	> Minijob, < 12 x Minijob	> Minijob, < 12 x Minijob	55 % sozialvers. Arbeit MindestL		> Minijob, < 12 x Minijob
Umfang		vollumfänglich		vollumfänglich	vollumfänglich	vollumfänglich	vollumfänglich		vollumfänglich
Ergänzungszuschlag	Nein	Familienergänzungs Z	Familien- u OrtsZ	ergänzender FamilienZ	Familiensonder Z	Familienergänzungs Z	Besoldungsergänzungs Z		Familienergänzungs Z
Antragserfordernis	Nein	Ja	Nein	Ungeregelt; Anzeigepflicht	„Anspruchberechtiger" keine Angaben	Ja	„schriftliche Anzeige"		„Berechtigter, keine Angaben
Einkommensnachweis	–	Ja, Glaubhaftmachung	–	Voraussetzungen sind anzuzeigen	Nachweis	Ja, EinkommStB o andere	Nachweise Familieneinkommen		Nachweis
Leitbildbezug	Alleinverdiener-Familie nicht mehr zwingend	Doppelverdienerfamilie	Mehrverdiener-Familie	Familieneinkommen	„Moderne Grundstellation"	Abkehr von Alleinverdiener	4-köpfige Mehrverdienerfamilie	unverändert	Hinzuverdienst-Modell
Grundlage	2. ReferentenE v. 20.8.2024	§ 41a LBesG	Neuausrichtung SG 3/2023	§ 41a RefEntwurf (5–2024)	§ 40a LBesG	§ 35a BremBesG	§ 45a HmbBesG	Allg. Besoldungsanhebung	§ 43a LBesG

69

	ND	NW	RP	SR	SN	LSA	SH	TH
Partnereinkommen								
berücks.	Ja	Ja	Ja	nein	nein	nein	Ja	ja
fiktiv								
real	< 12 x Minijob + 1.200 – 1.500 €	Minijob	> Minijob, < 12 x Minijob				Einkommen	> Minijob, < 12 x Minijob
Umfang							vollumfänglich	vollumfänglich
Ergänzungszuschlag	FamilienergänzungsZ	ErgänzungsZ	Sonderzuschlag zum FamilienZ	–	–	–	FamilienergänzungsZ	alimentativer ErgänzungsZ
Antragserfordernis	Ja	Ja	Nein				"wird gewährt" keine Angaben	Erklärung durch Beamten; nicht ausgeführt
Einkommensnachweis	Nicht ausgeführt	Nachweis + Glaubhaftm.	"wird ... gewährt" nicht ausgeführt				nicht ausgeführt, Datenaustausch	Erklärung; Nachweispflicht; Erkl Eides statt durch Partner
Leitbildbezug	Familieneinkommen	Mehrverdiener-Familie	Familieneinkommen	unverändert	unverändert	unverändert	Mehrverdiener	Alleinverdienerrerergänzt
Grundlage	§ 36a NdsBesG DurchführungsVO	§ 71b LBesG	§ 41a LBesG	UmsetzungsG	4. DienstrechtsänderungG	3. DienstrechtsänderungsG	§ 45a LBesG	§ 39a ThürBesG

70